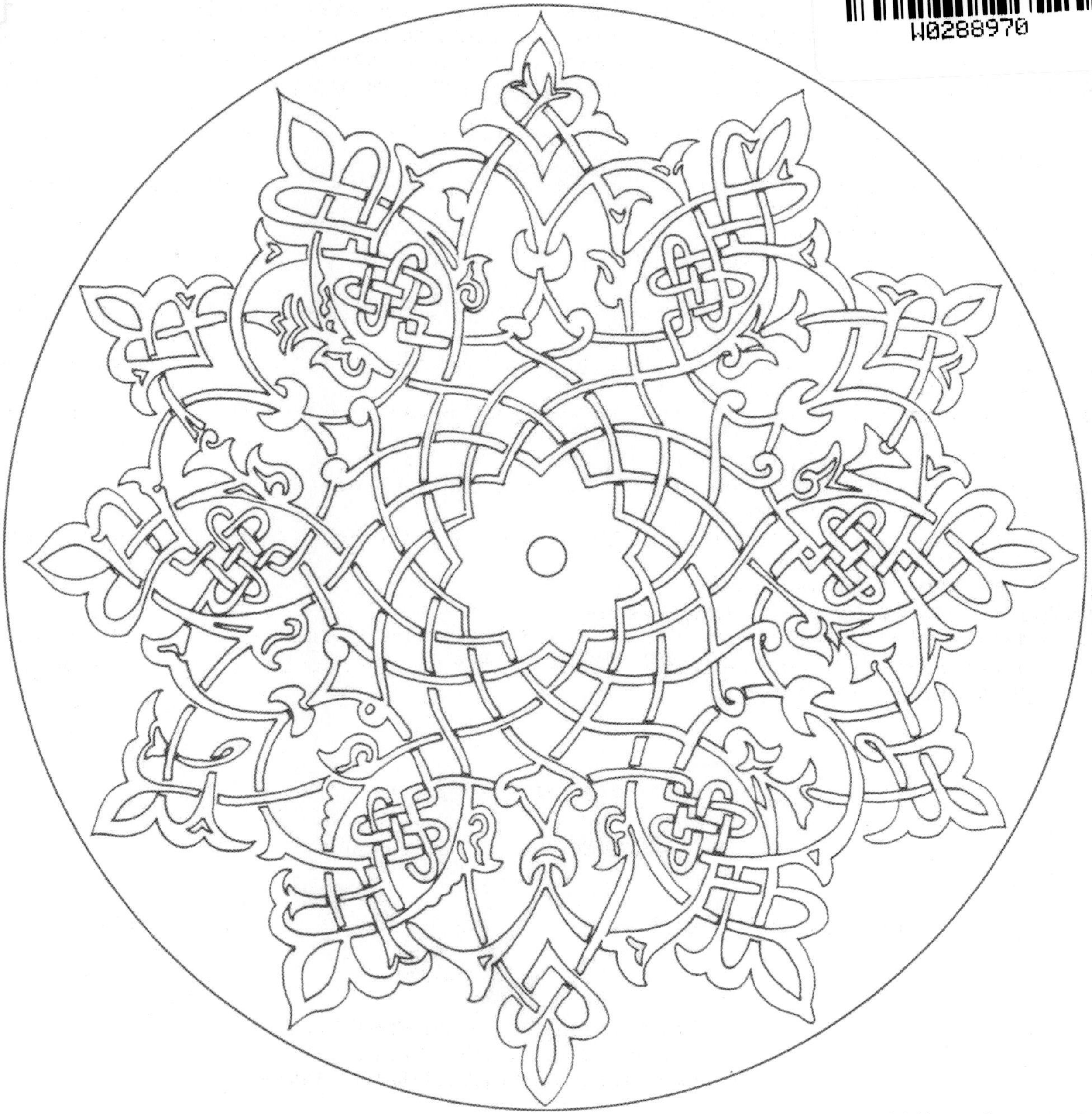

Bezeichnung der umseitigen Abbildung:

Die erste Art der Liebe
(Koran-Illustration; Iran, 1313)

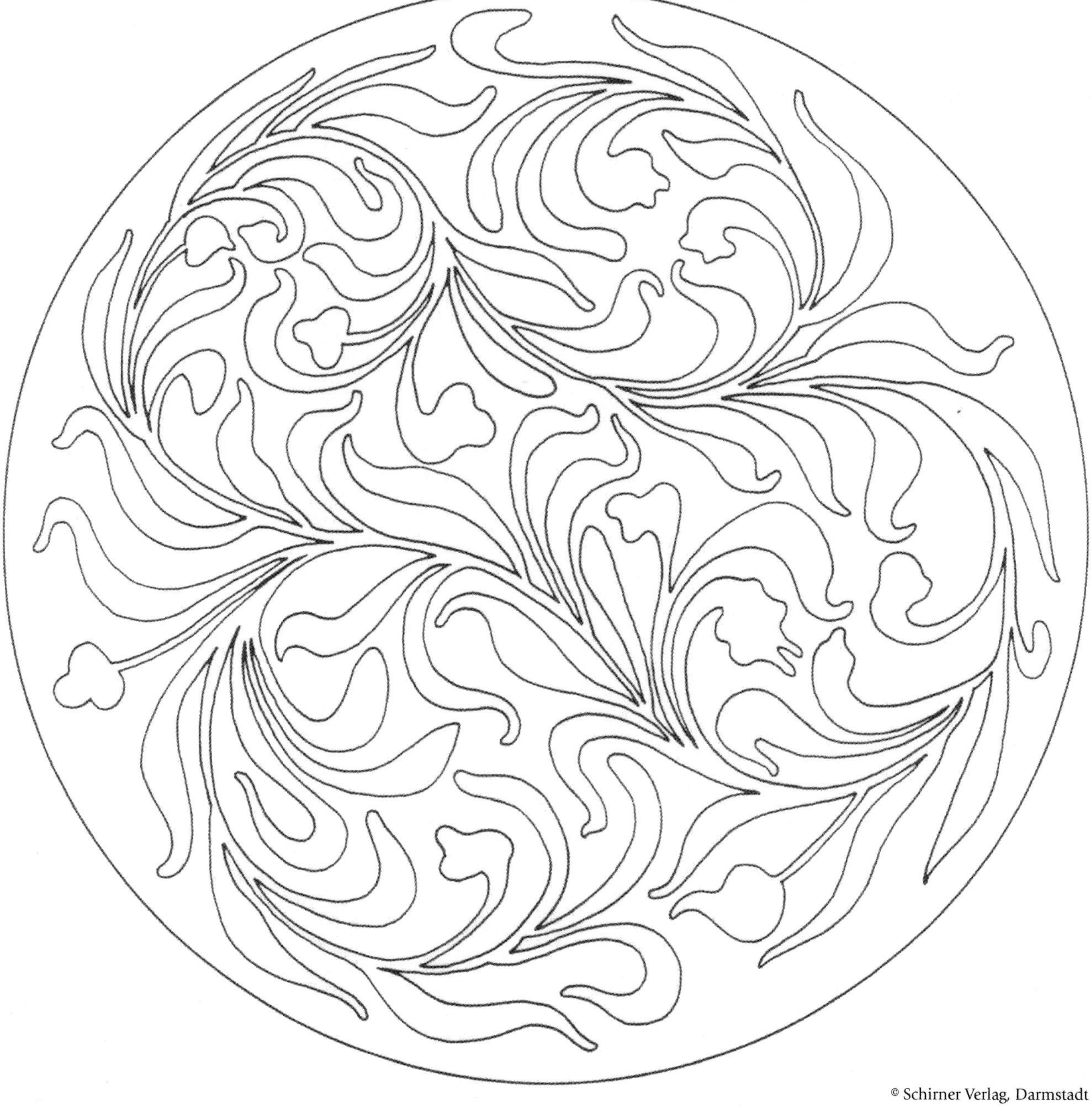

Bezeichnung der umseitigen Abbildung:

Die Einheit der Liebe
(Wasserpflanzen-Motiv; Kashan, Iran, 13. Jh.)

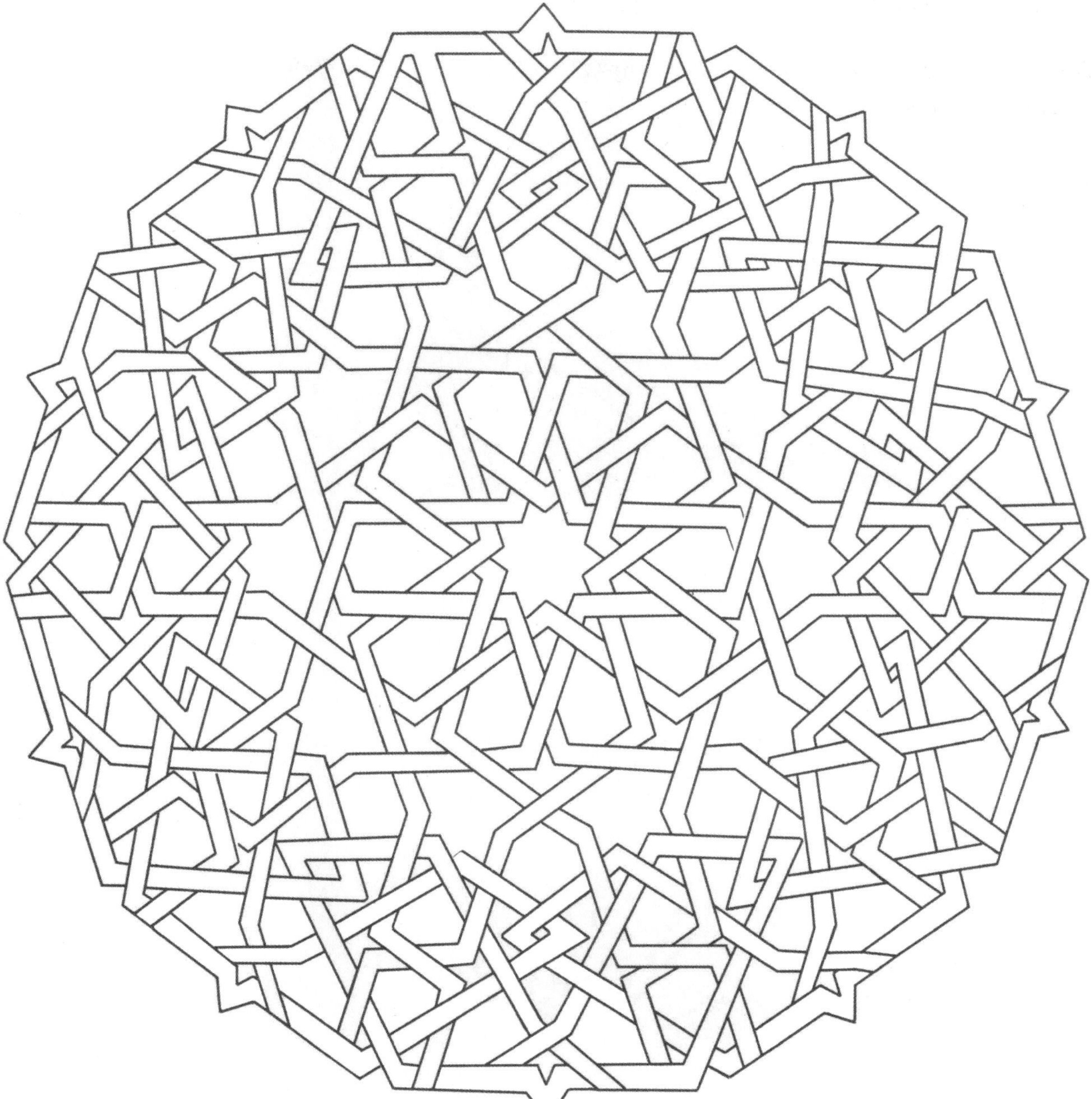

Bezeichnung der umseitigen Abbildung:

geometrisches Muster, in zehn Richtungen laufend

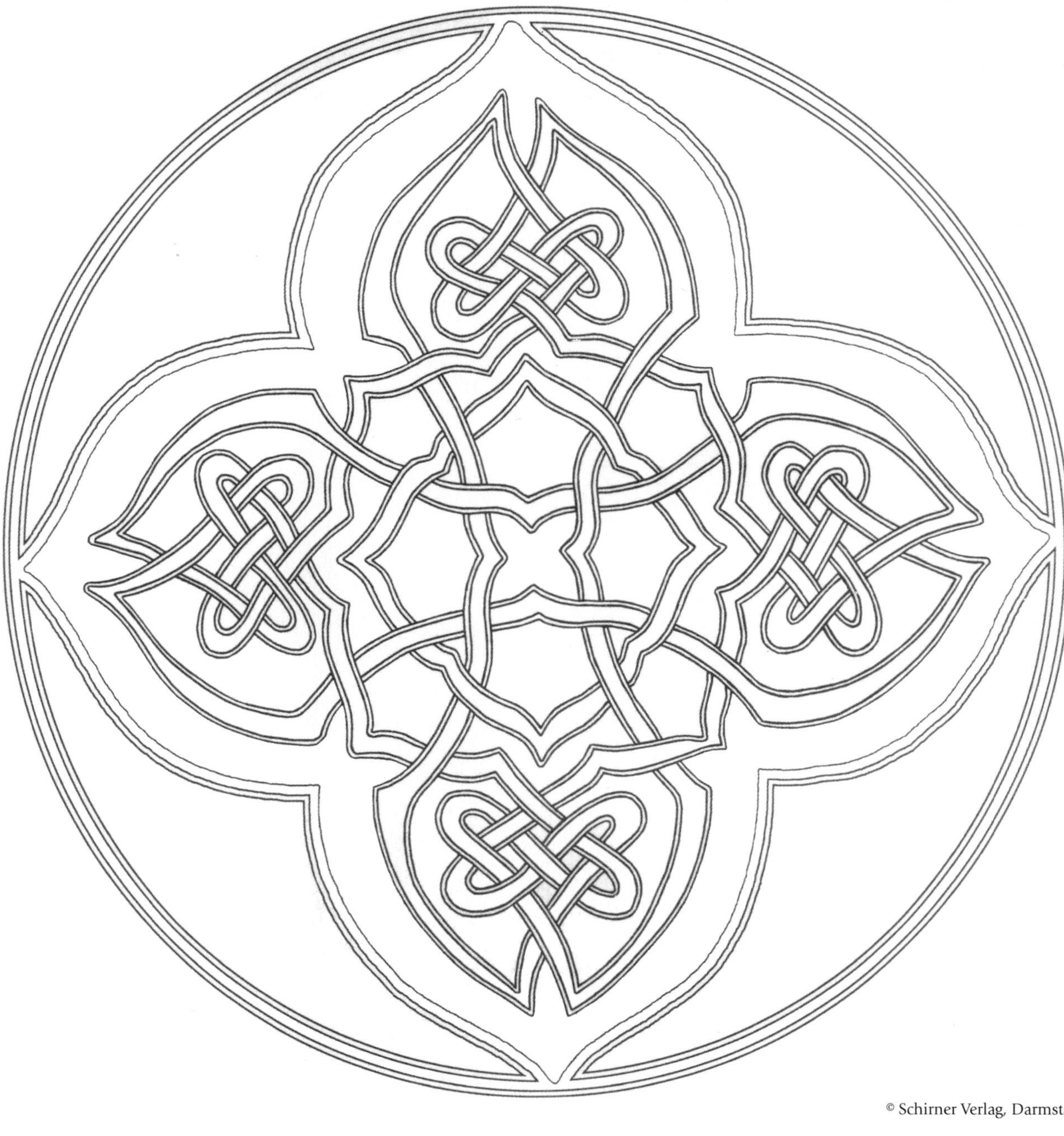

Bezeichnung der umseitigen Abbildung:

Die vier Eingänge der Erkenntnis
(Motiv für getriebene Metallarbeiten)

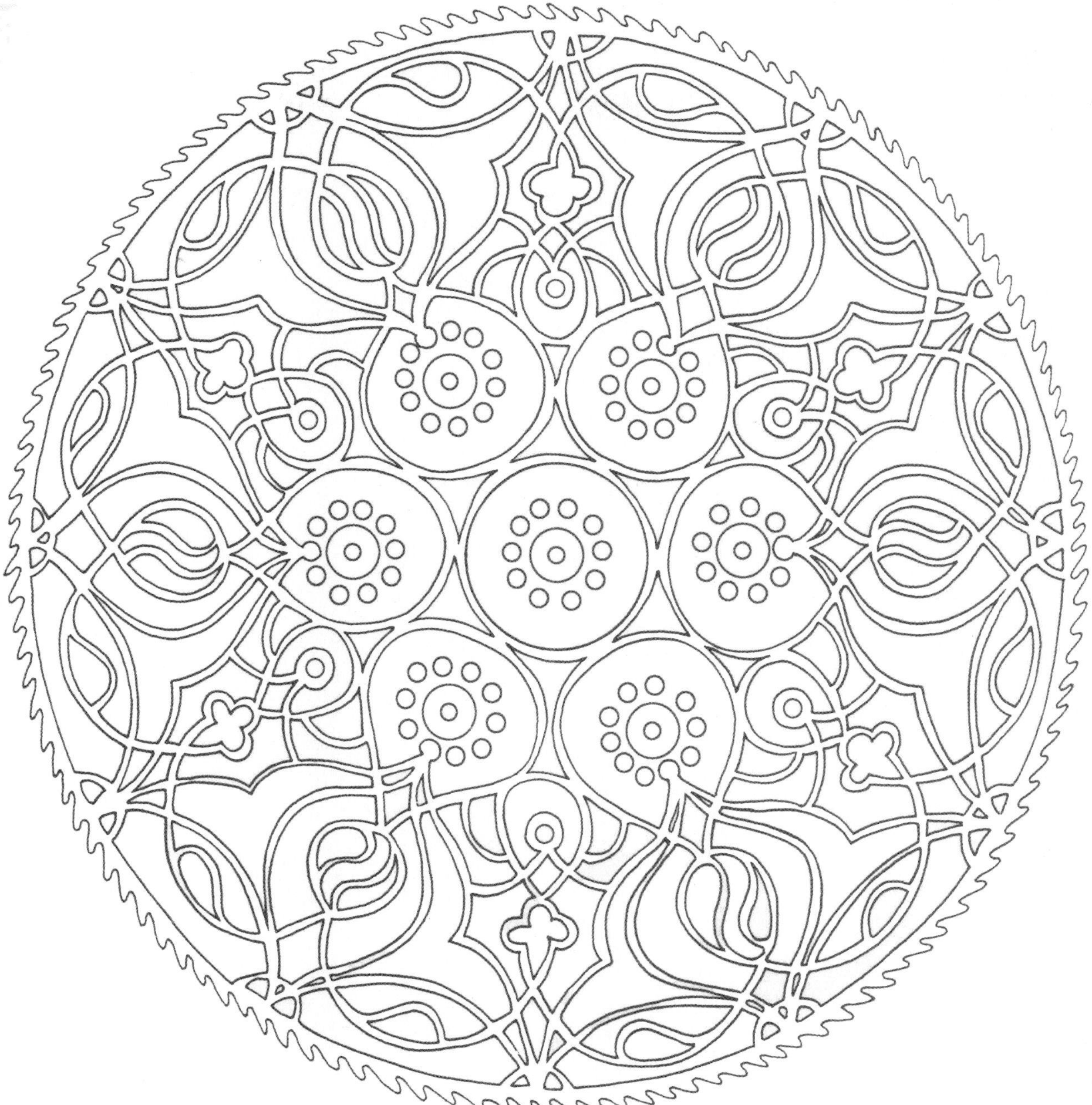

Bezeichnung der umseitigen Abbildung:

dekoratives Tellermotiv

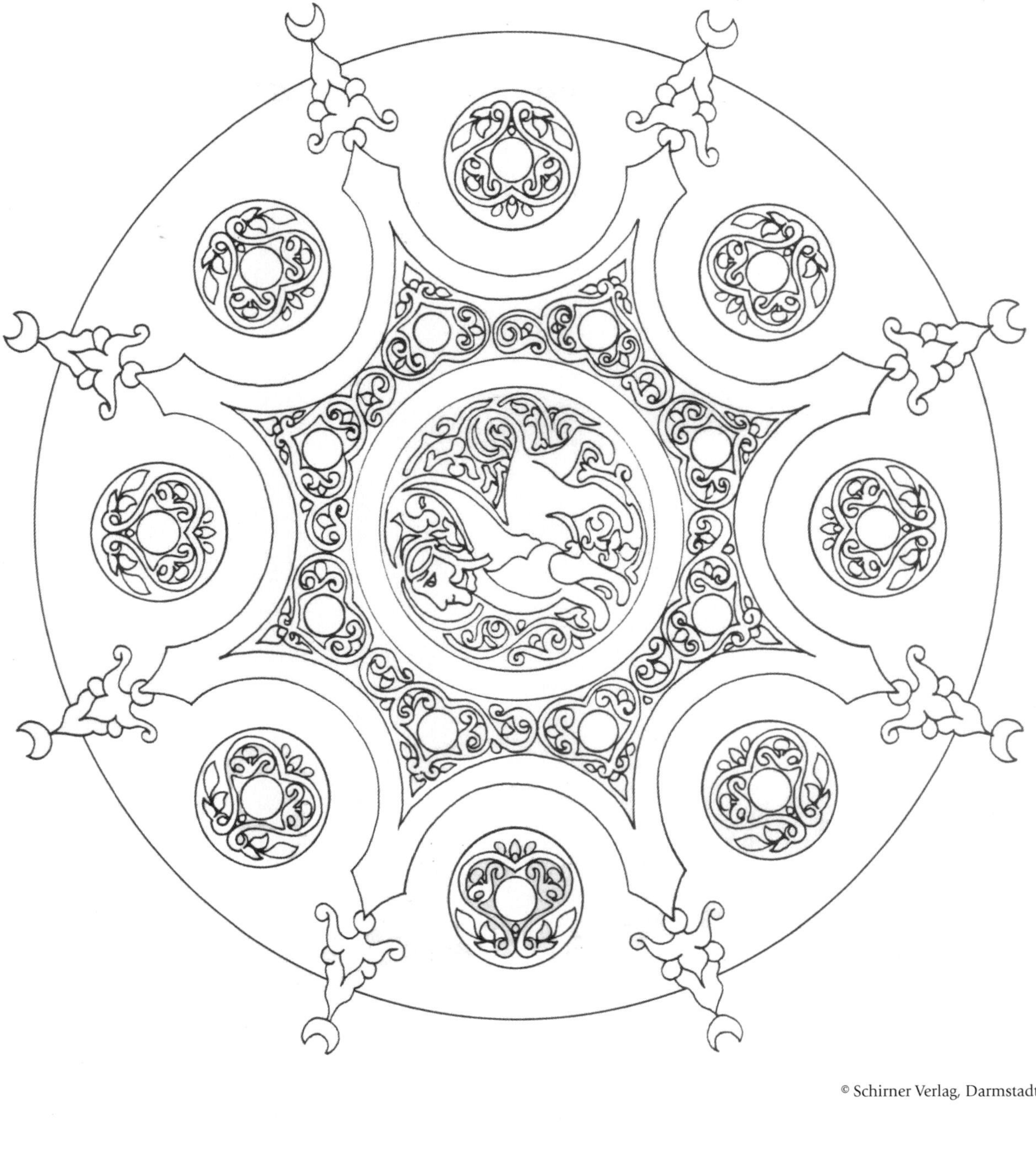

Bezeichnung der umseitigen Abbildung:

Metallteller; Iran, 12./13. Jh.

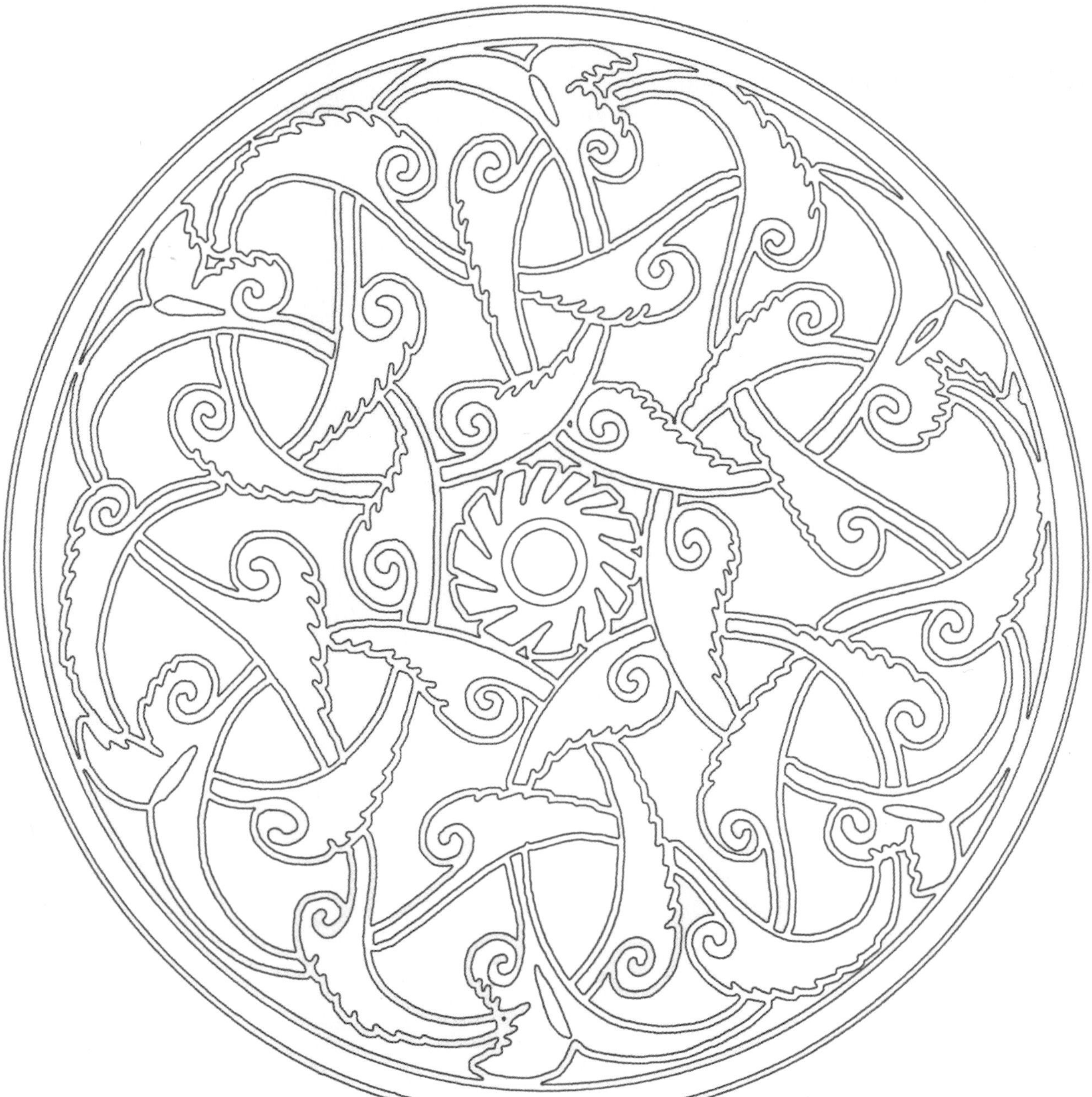

Bezeichnung der umseitigen Abbildung:

Arabeske auf einem Silberkrug; Iran, 15. Jh.

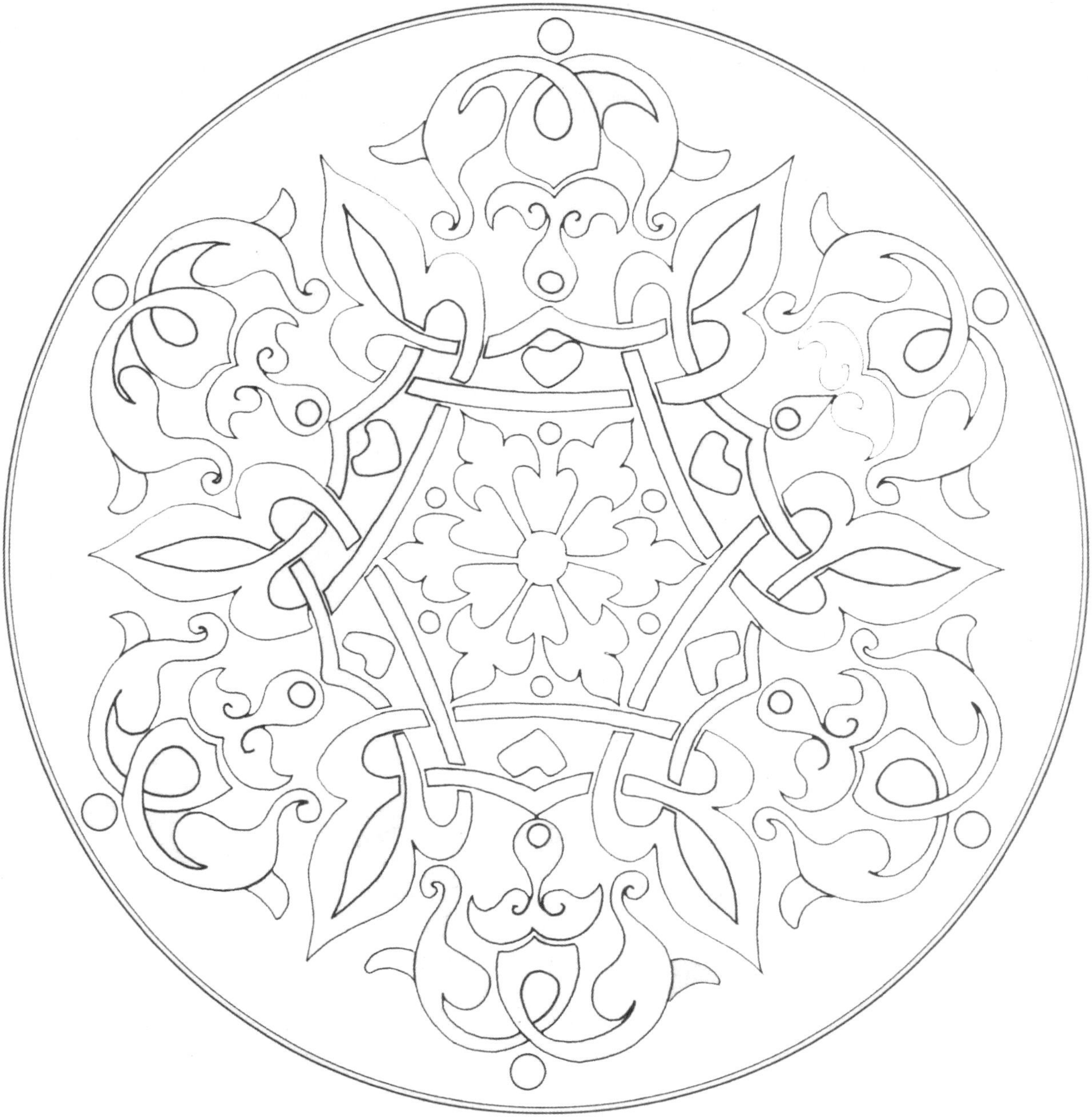

Bezeichnung der umseitigen Abbildung:

Koran-Illustration; Mosul, Irak, 1310

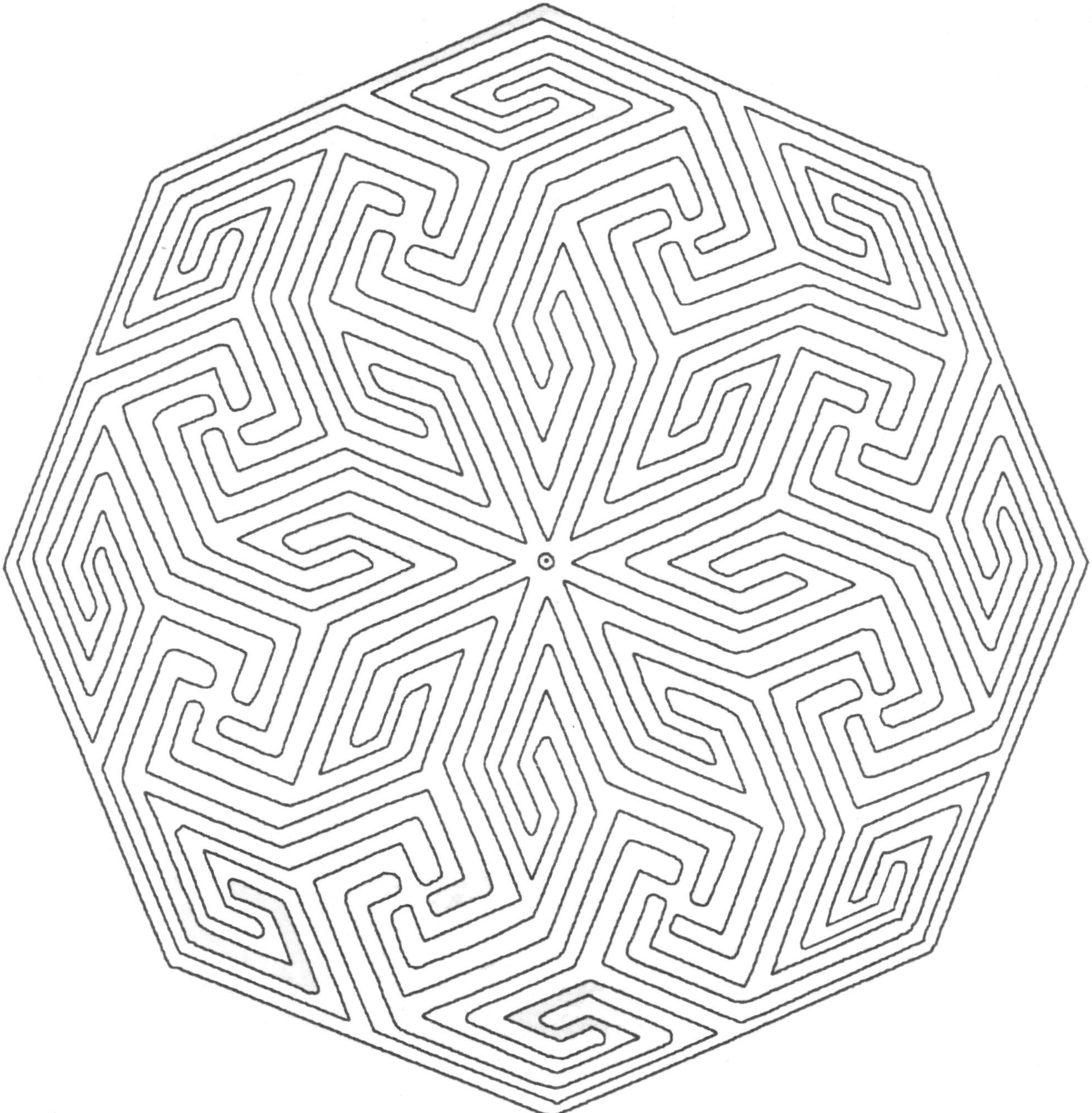

Bezeichnung der umseitigen Abbildung:

geometrisches Muster

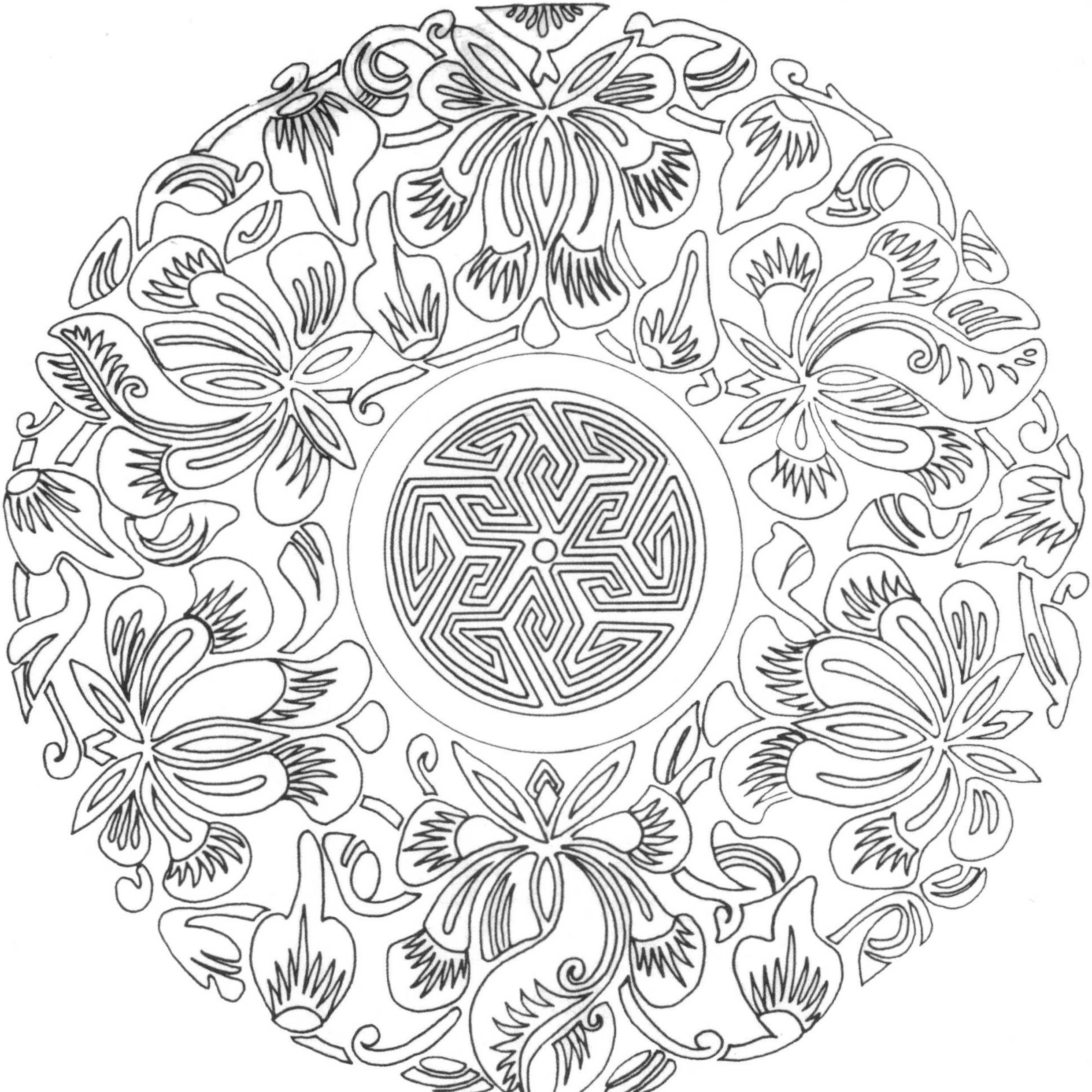

Bezeichnung der umseitigen Abbildung:

Einlegearbeit; Ägypten, 14. Jh.

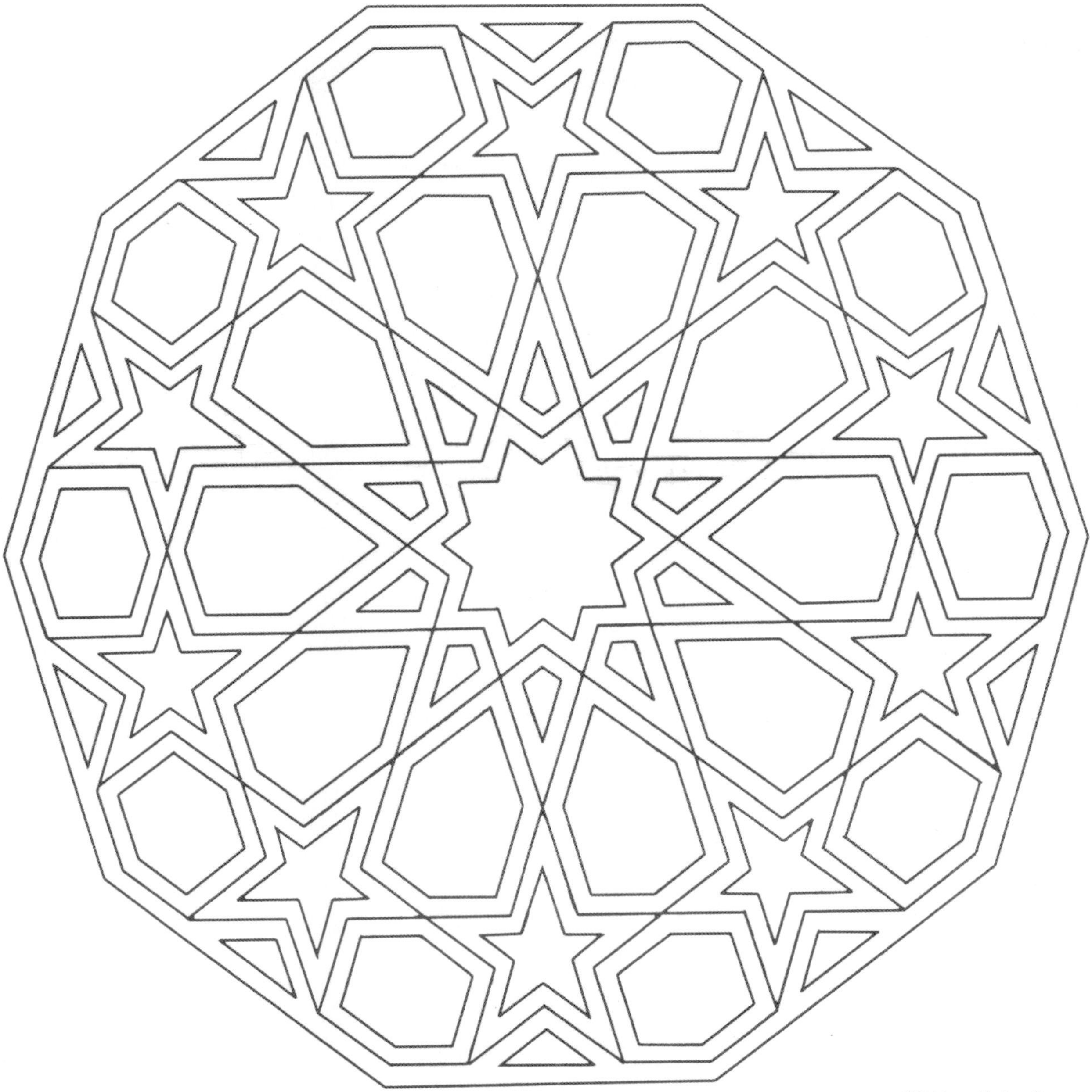

Bezeichnung der umseitigen Abbildung:

geometrisches Muster, zehn Sterne bildend

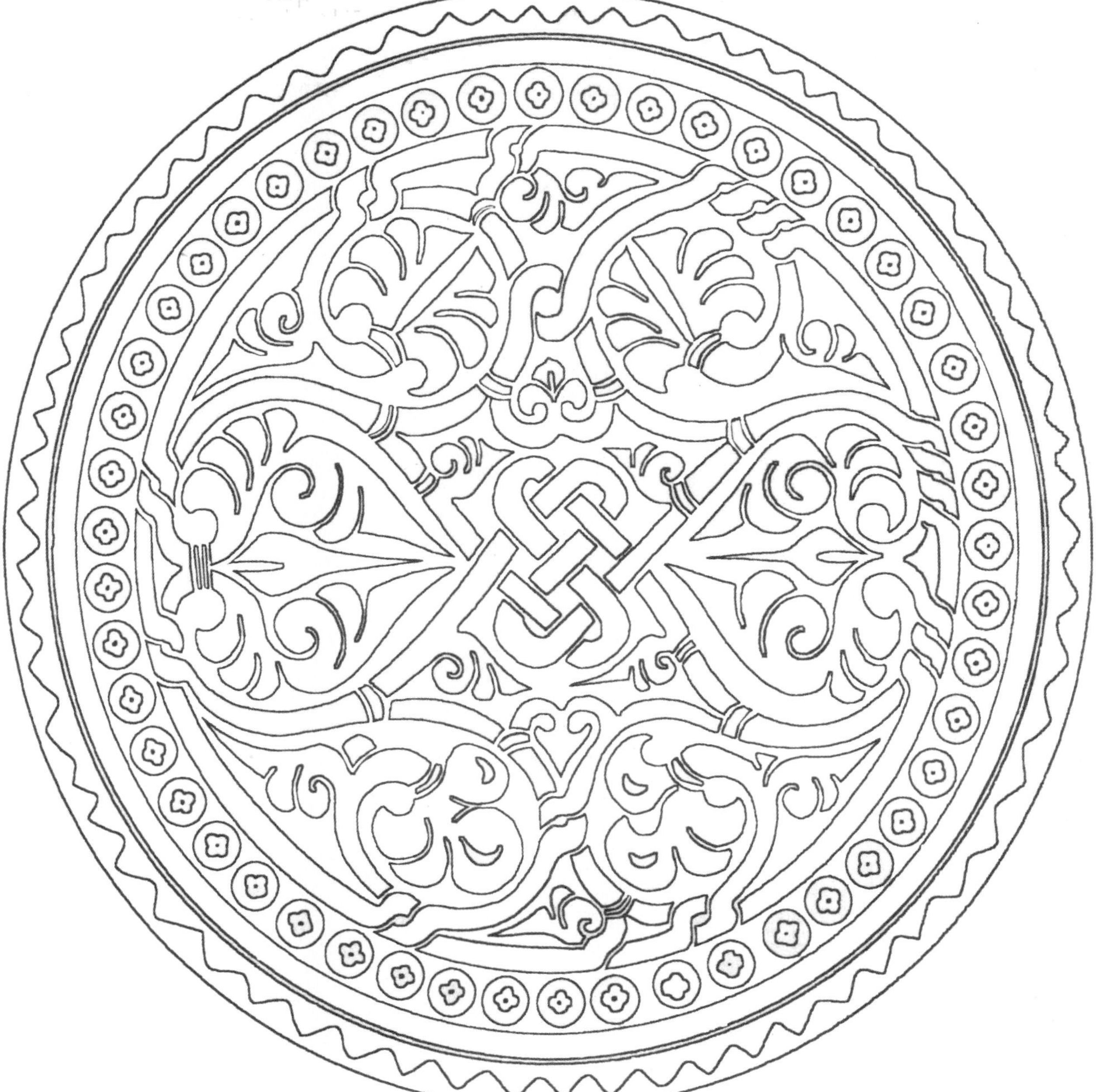

Bezeichnung der umseitigen Abbildung:

Palmblätter-Motiv auf Töpferware

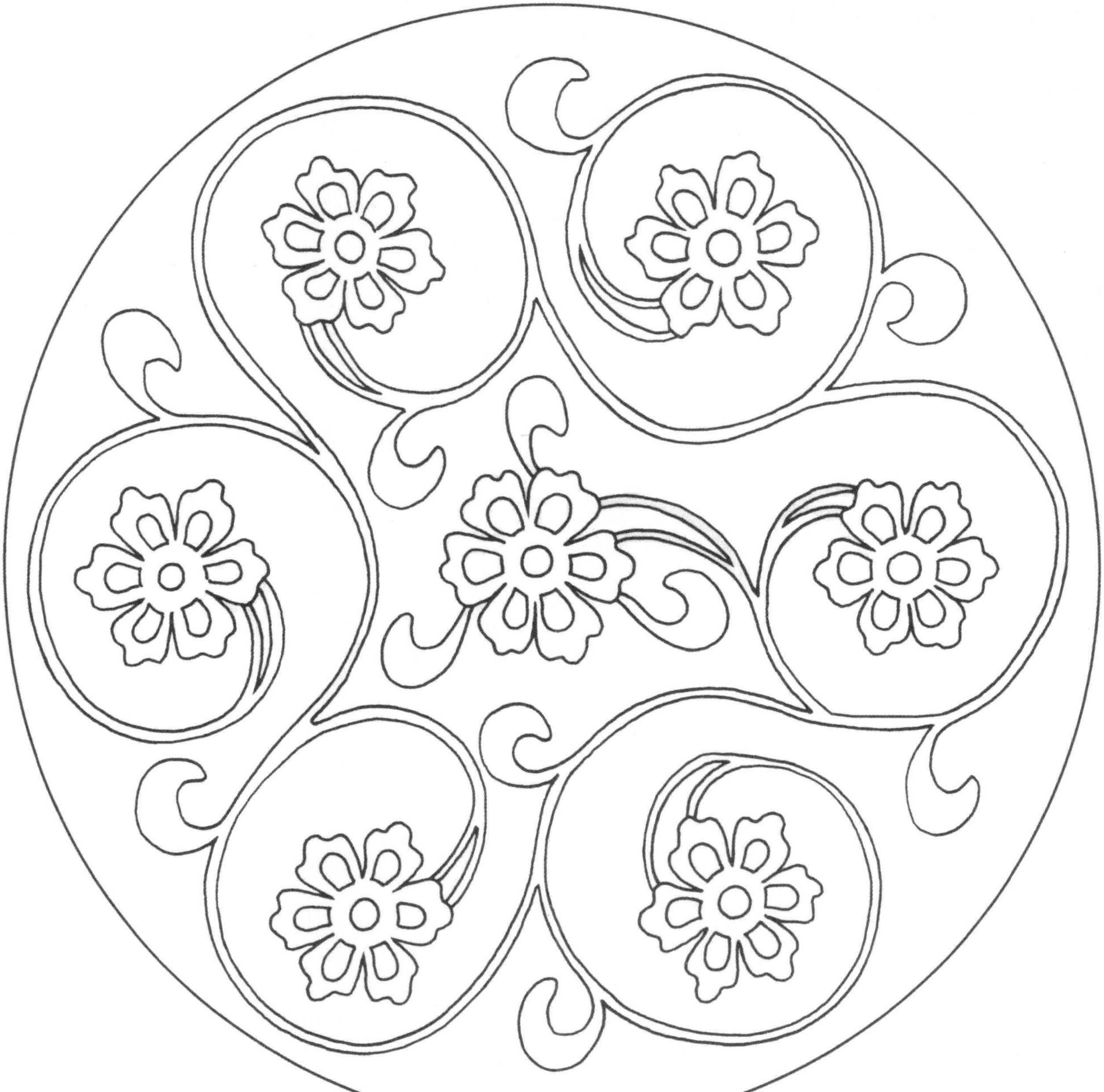

Bezeichnung der umseitigen Abbildung:

Kachelmotiv aus einer Moschee; Idirne, Türkei, 15. Jh.

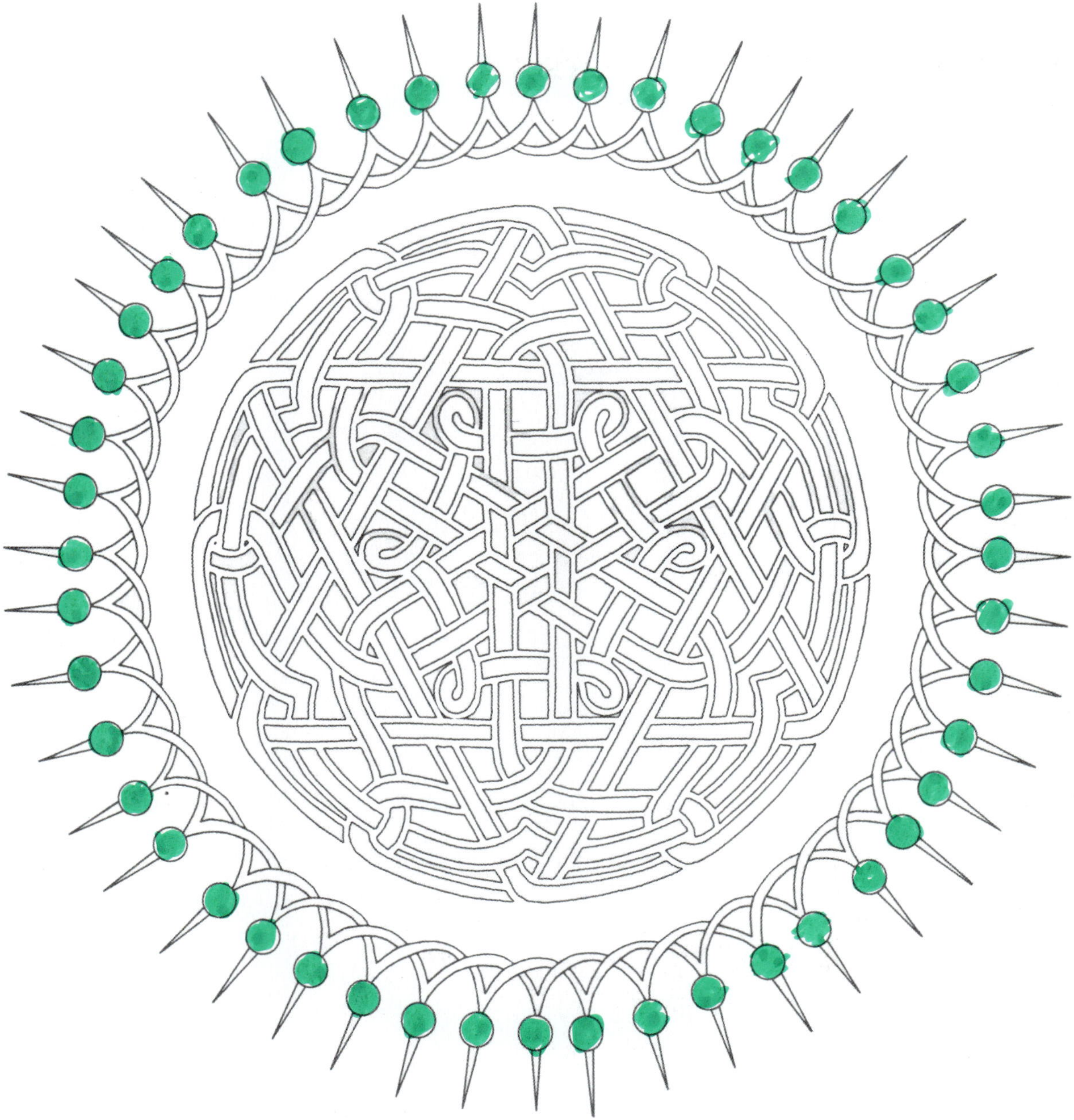

Bezeichnung der umseitigen Abbildung:

Die vierte Art der Liebe
(Bronzeteller; Khurasan, Iran, 12. Jh.)

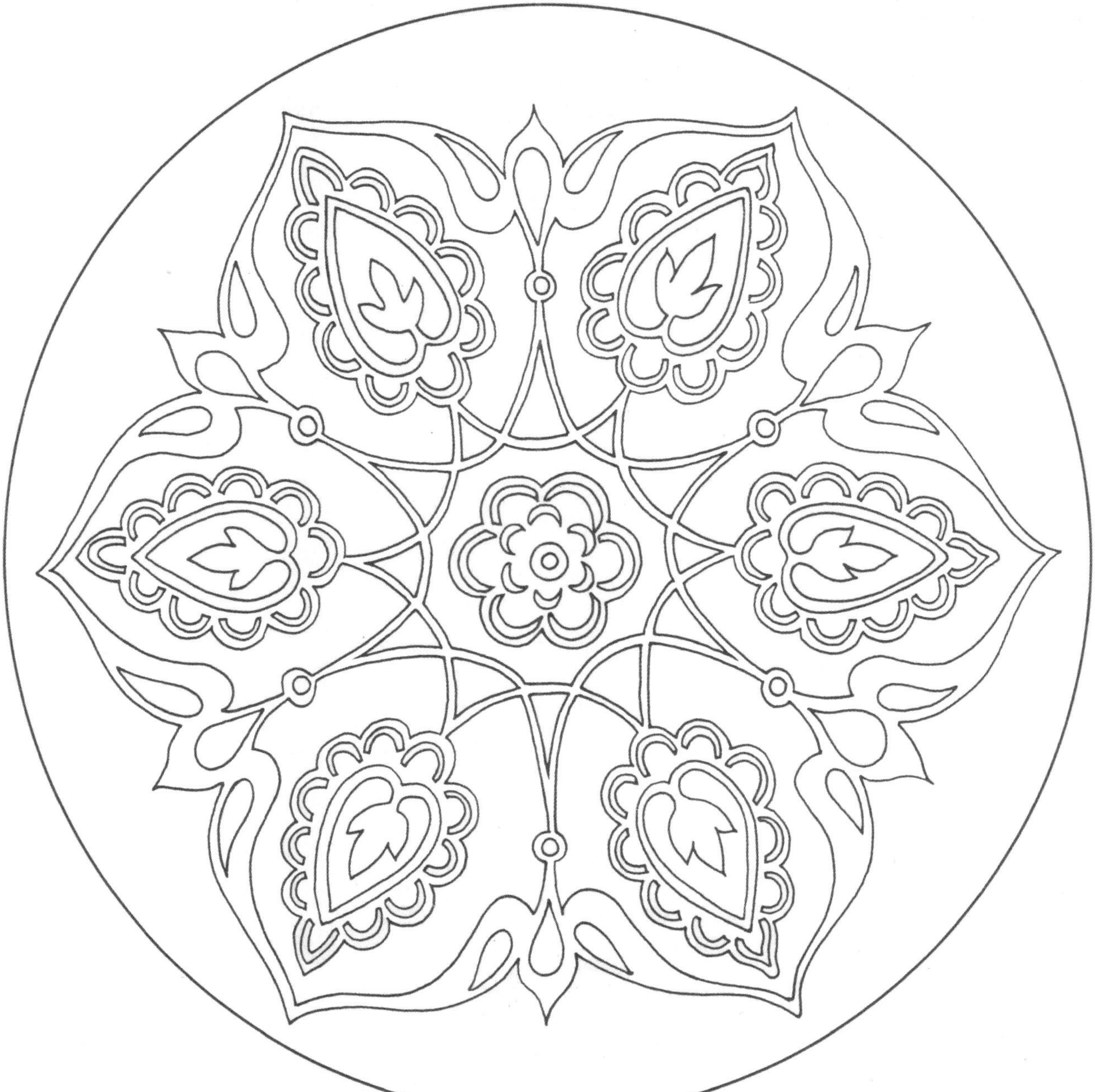

Bezeichnung der umseitigen Abbildung:

Kachelmotiv aus einer Moschee; Idirne, Türkei, 15. Jh.

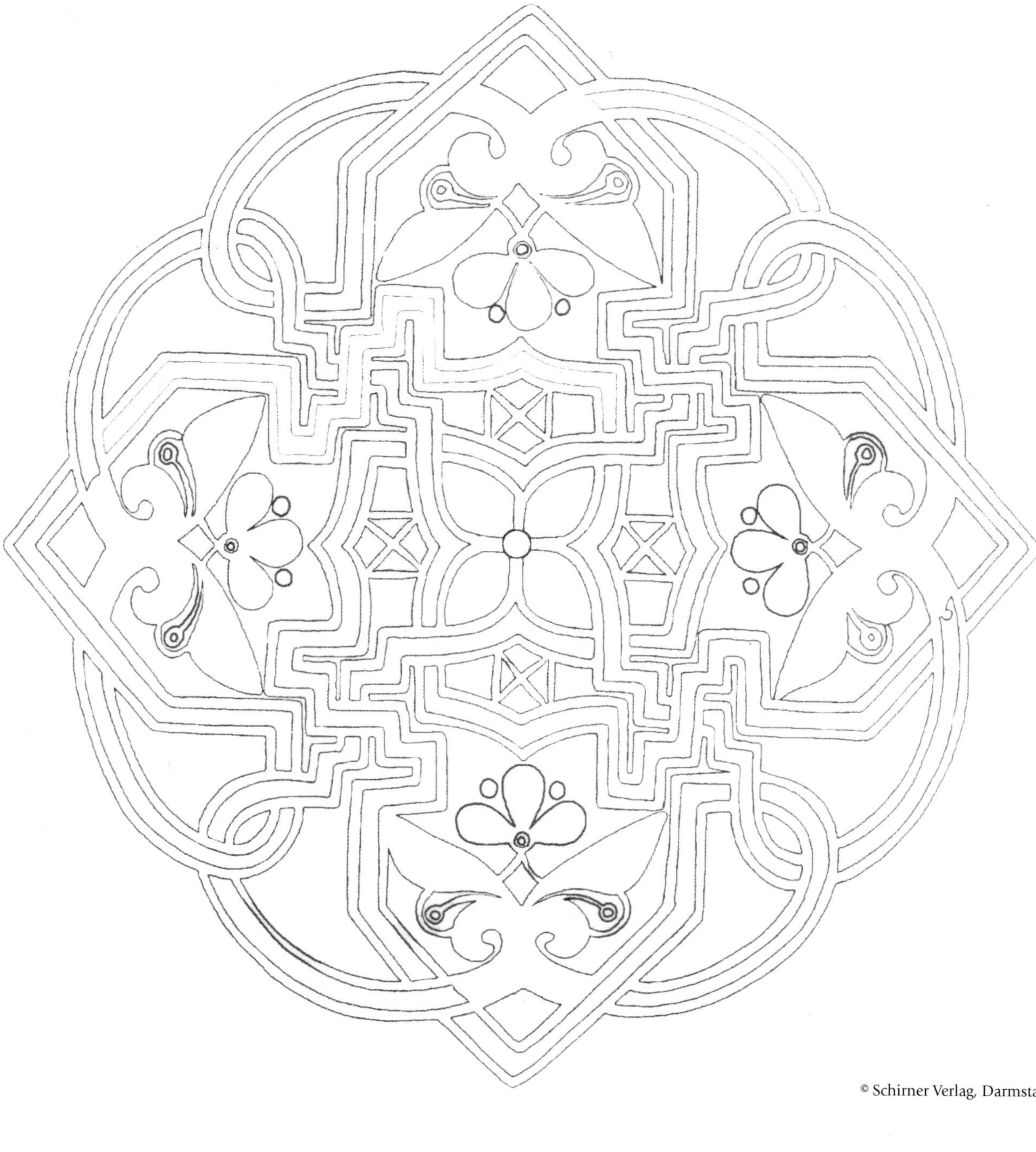

Bezeichnung der umseitigen Abbildung:

Tellermotiv; Irak, 9. Jh.

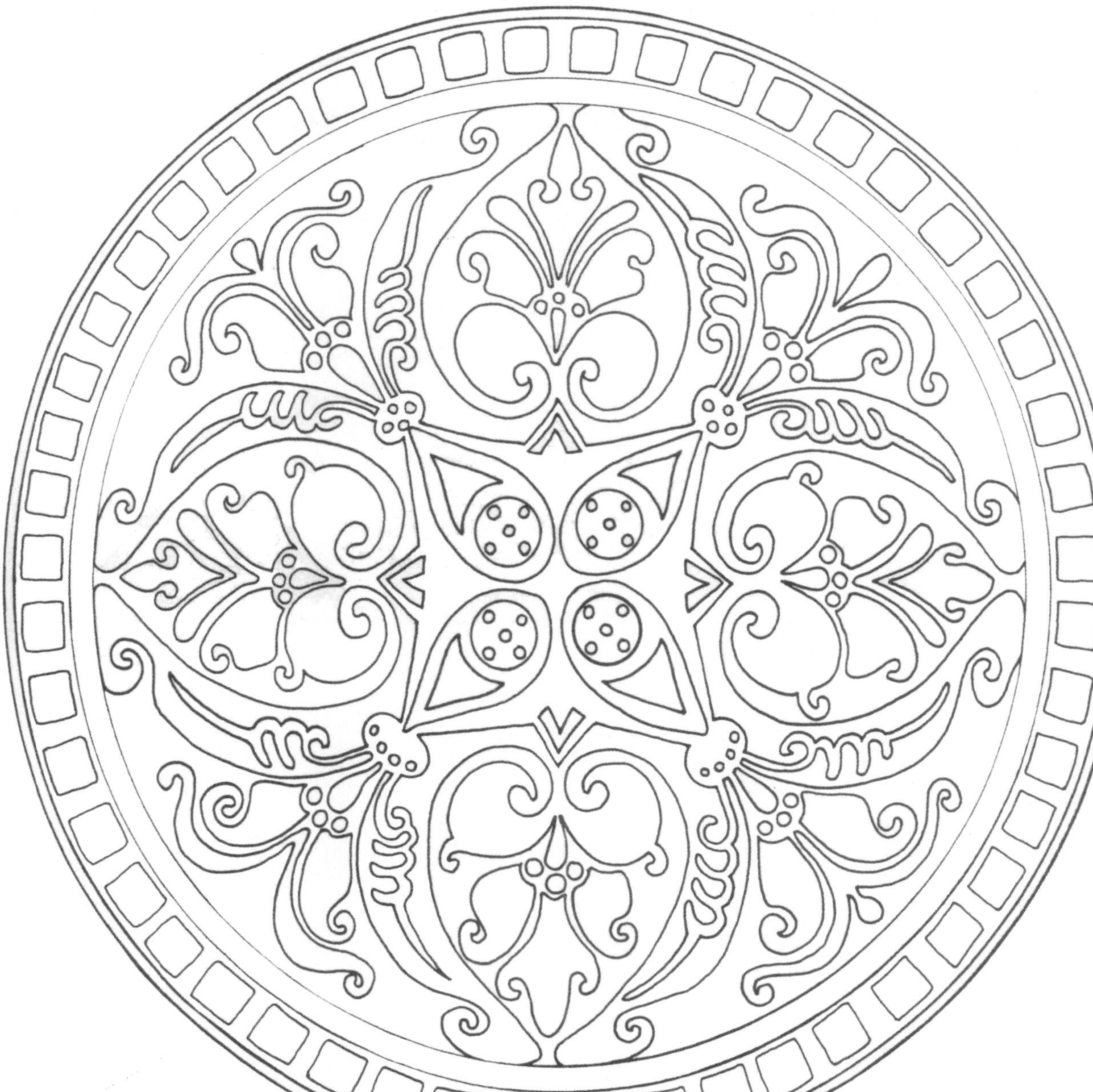

Bezeichnung der umseitigen Abbildung:

Pflanzenmotiv auf Töpferware; Iran, 12. Jh.

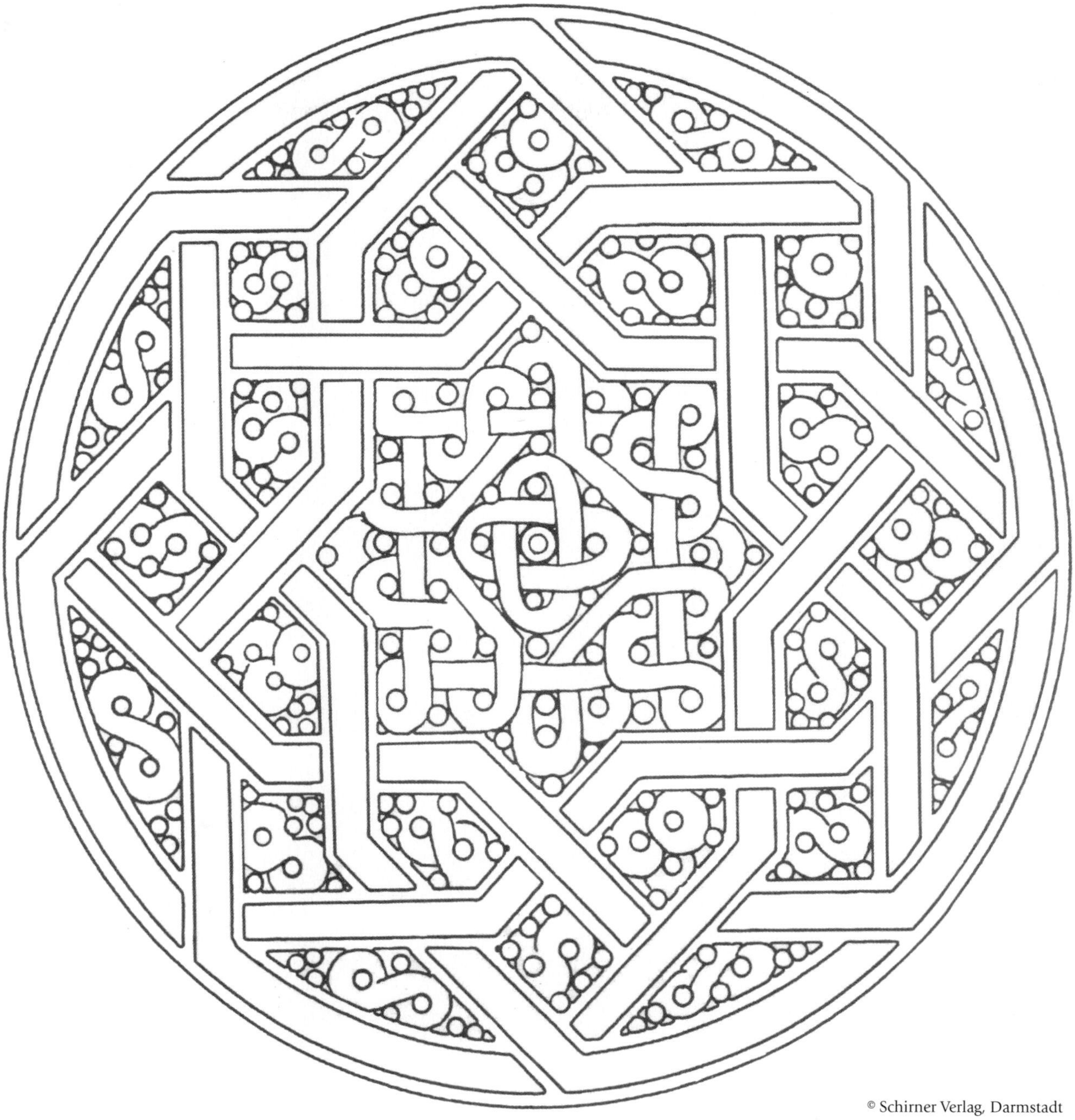

Bezeichnung der umseitigen Abbildung:

Bronzeteller; Khurasan, Iran, 12. Jh.

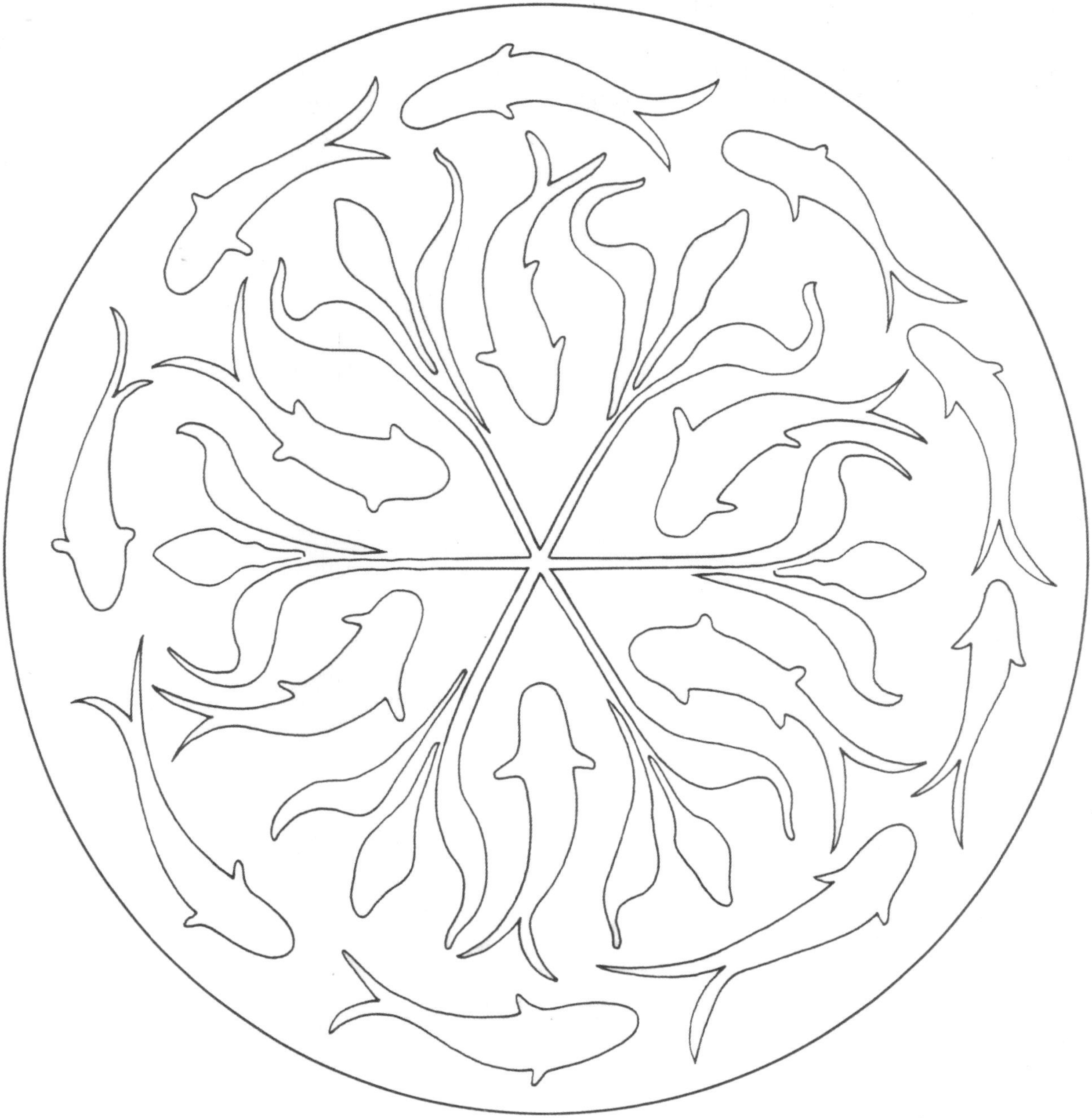

Bezeichnung der umseitigen Abbildung:

dekoratives Fischemotiv, das häufig auf Metall- und Töpferware verwendet wurde

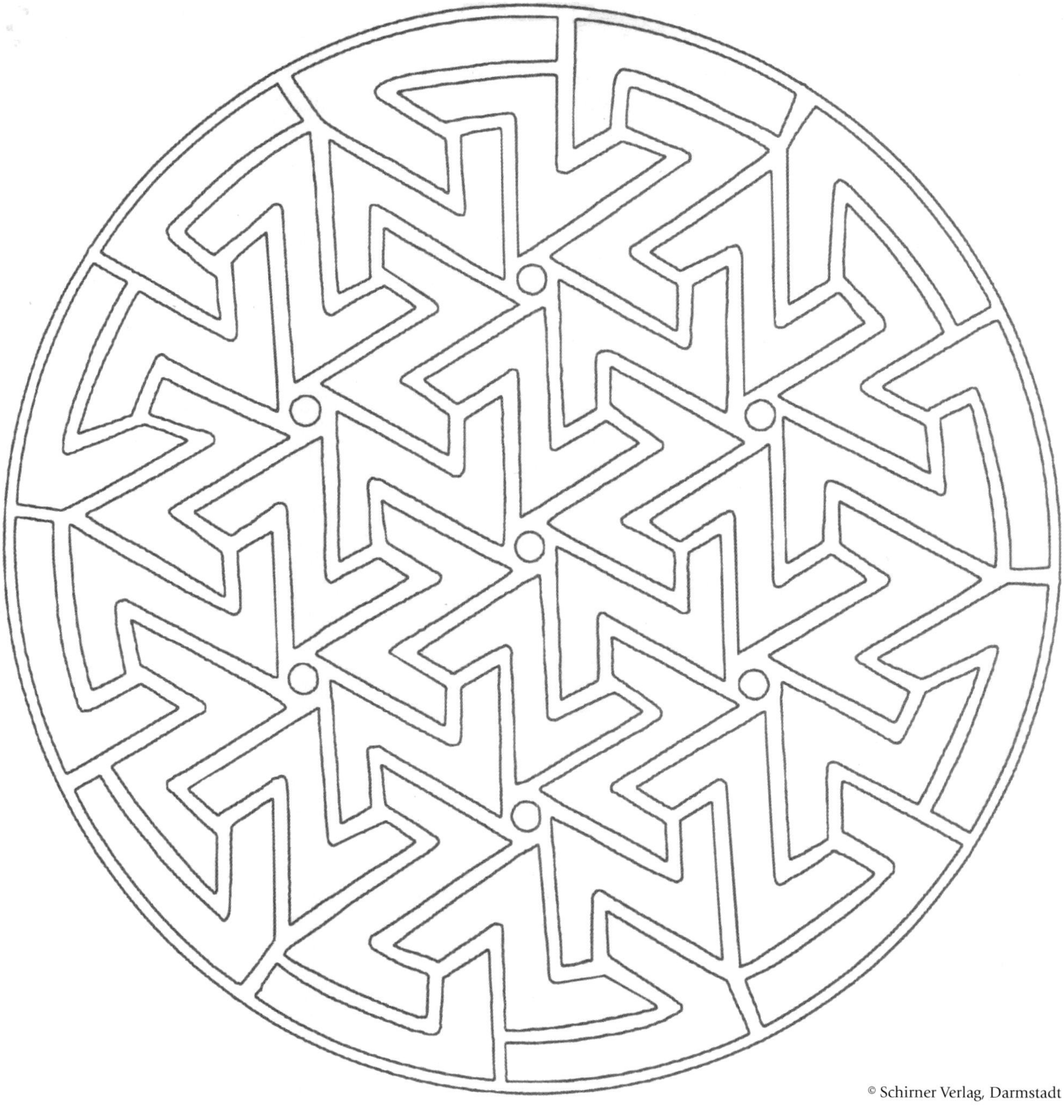

Bezeichnung der umseitigen Abbildung:

geometrisches Muster, mehrfach in sich rotierend

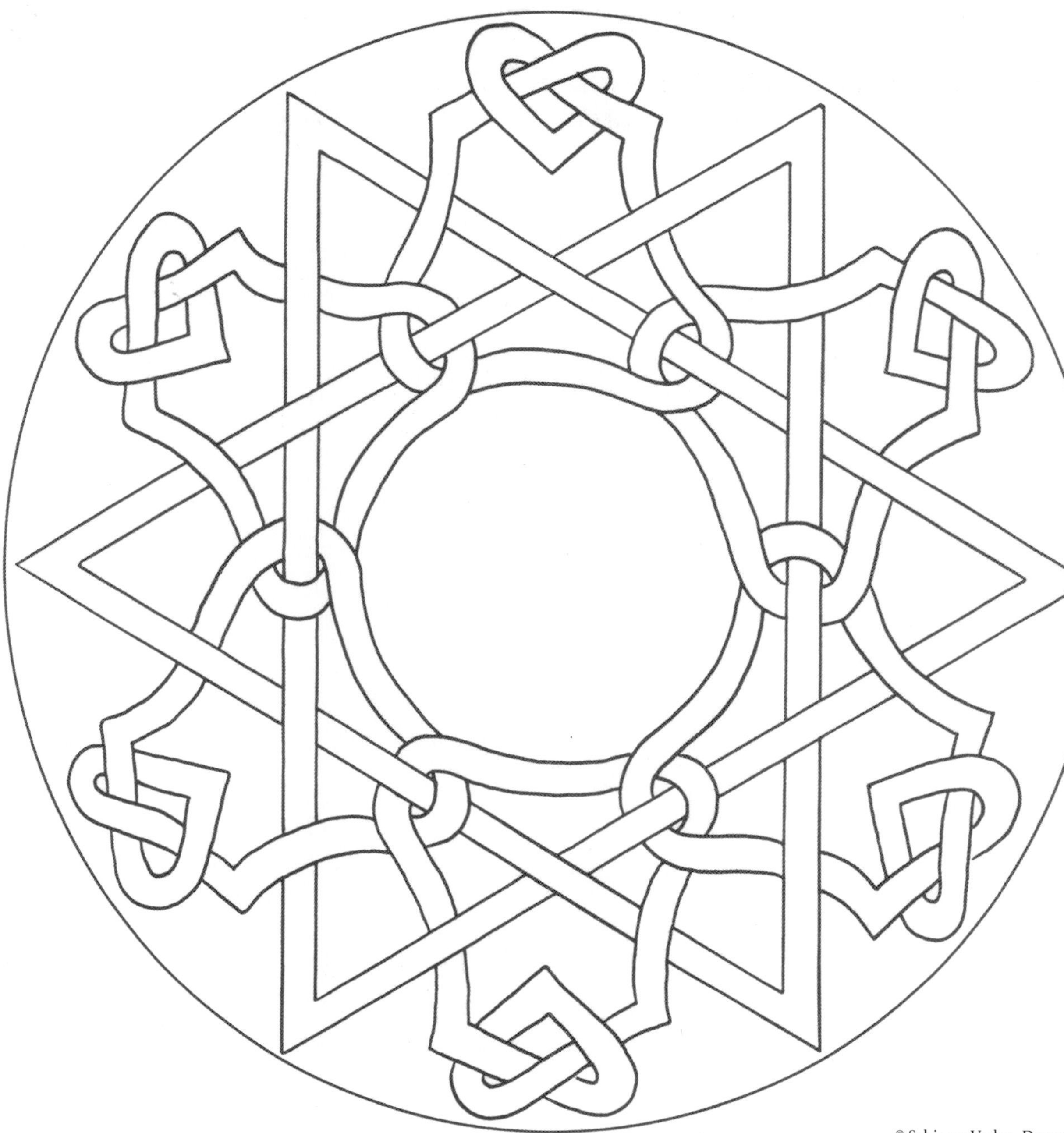

Bezeichnung der umseitigen Abbildung:

umranktes Hexagramm, häufig verwendet als Buchillustration
oder zur Dekoration von Metallarbeiten

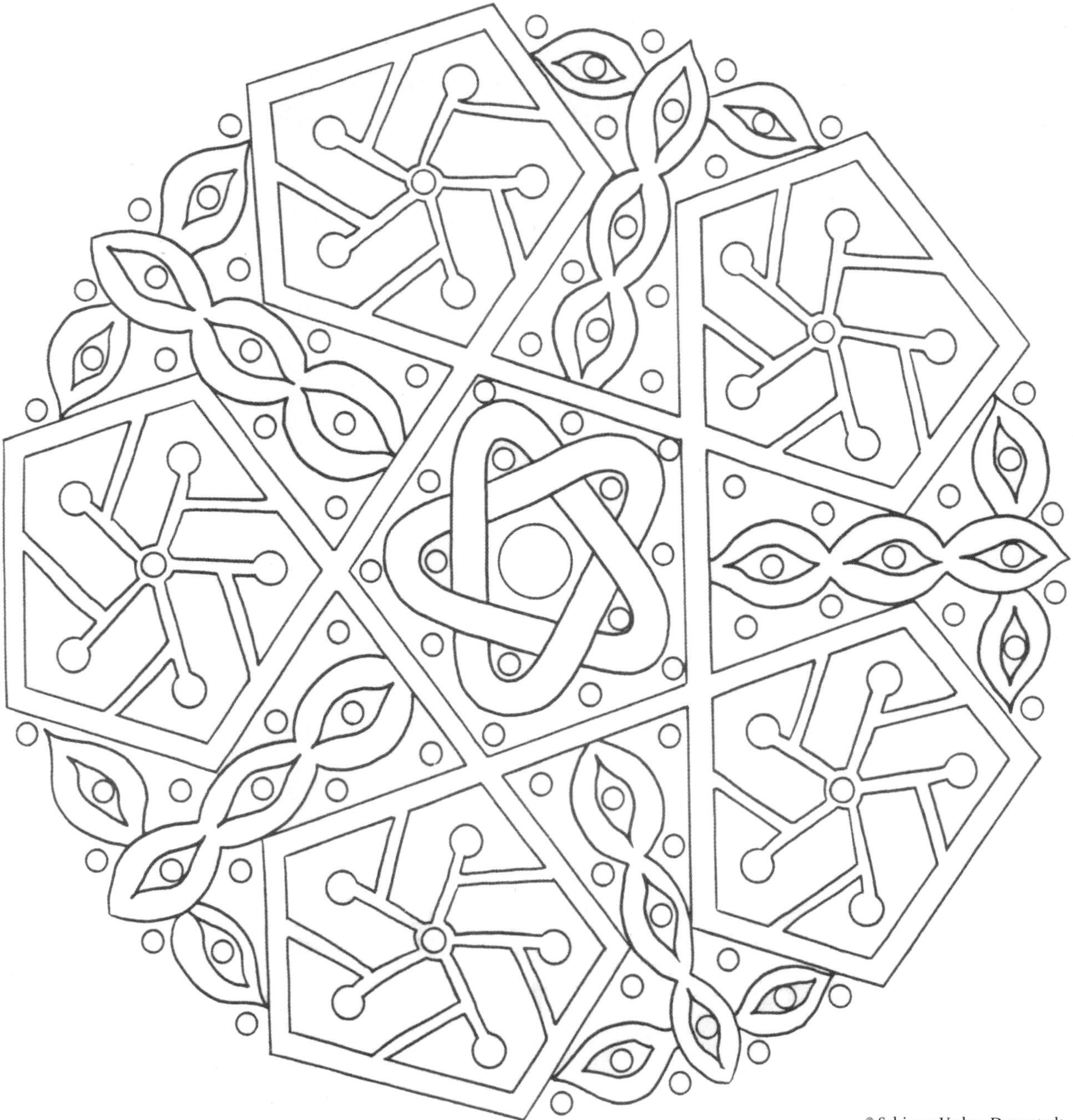

Bezeichnung der umseitigen Abbildung:

Prägearbeit in einem ledernen Bucheinband

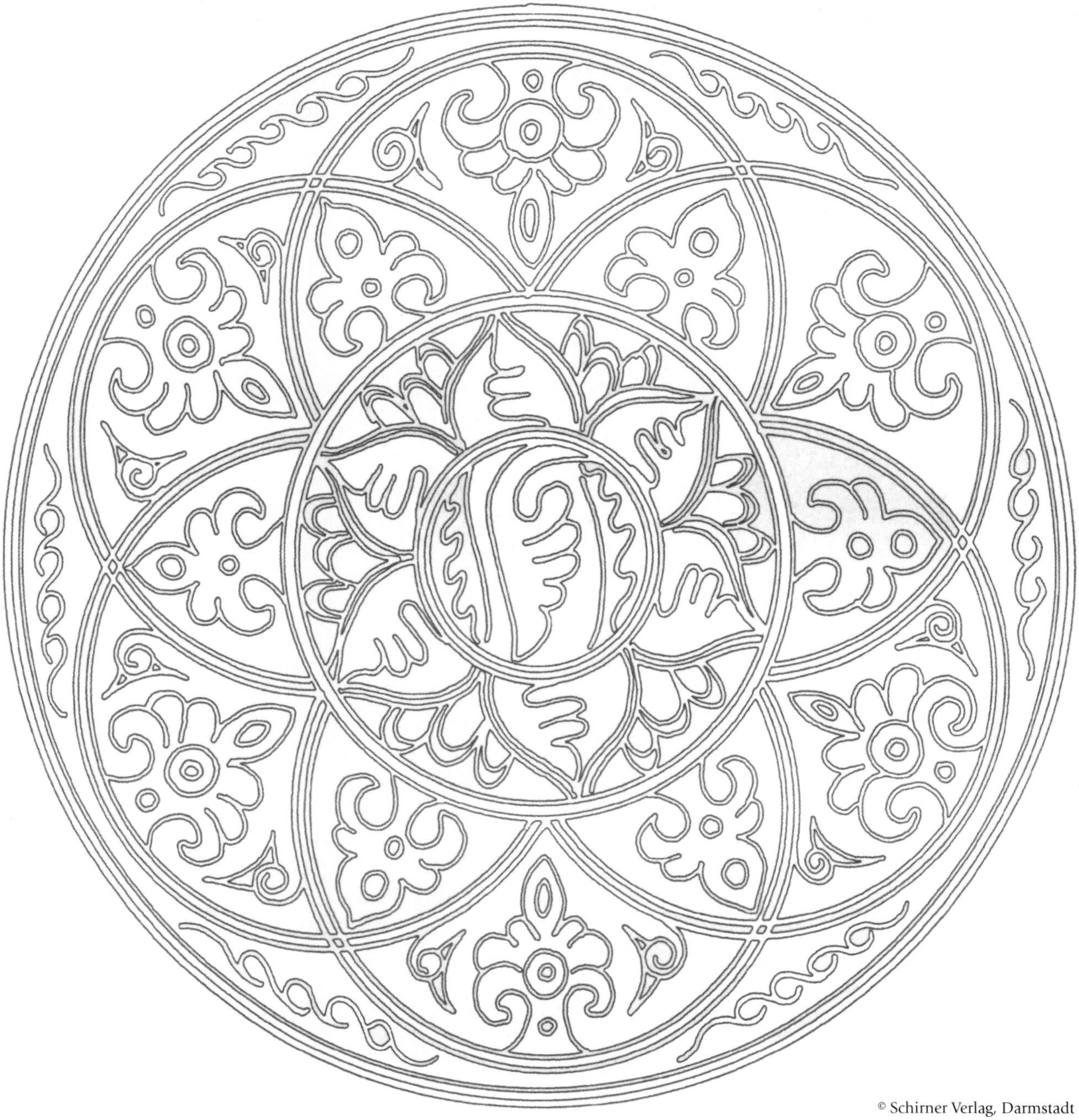

Bezeichnung der umseitigen Abbildung:

Tellermotiv; Khurasan, Iran, 10. Jh.

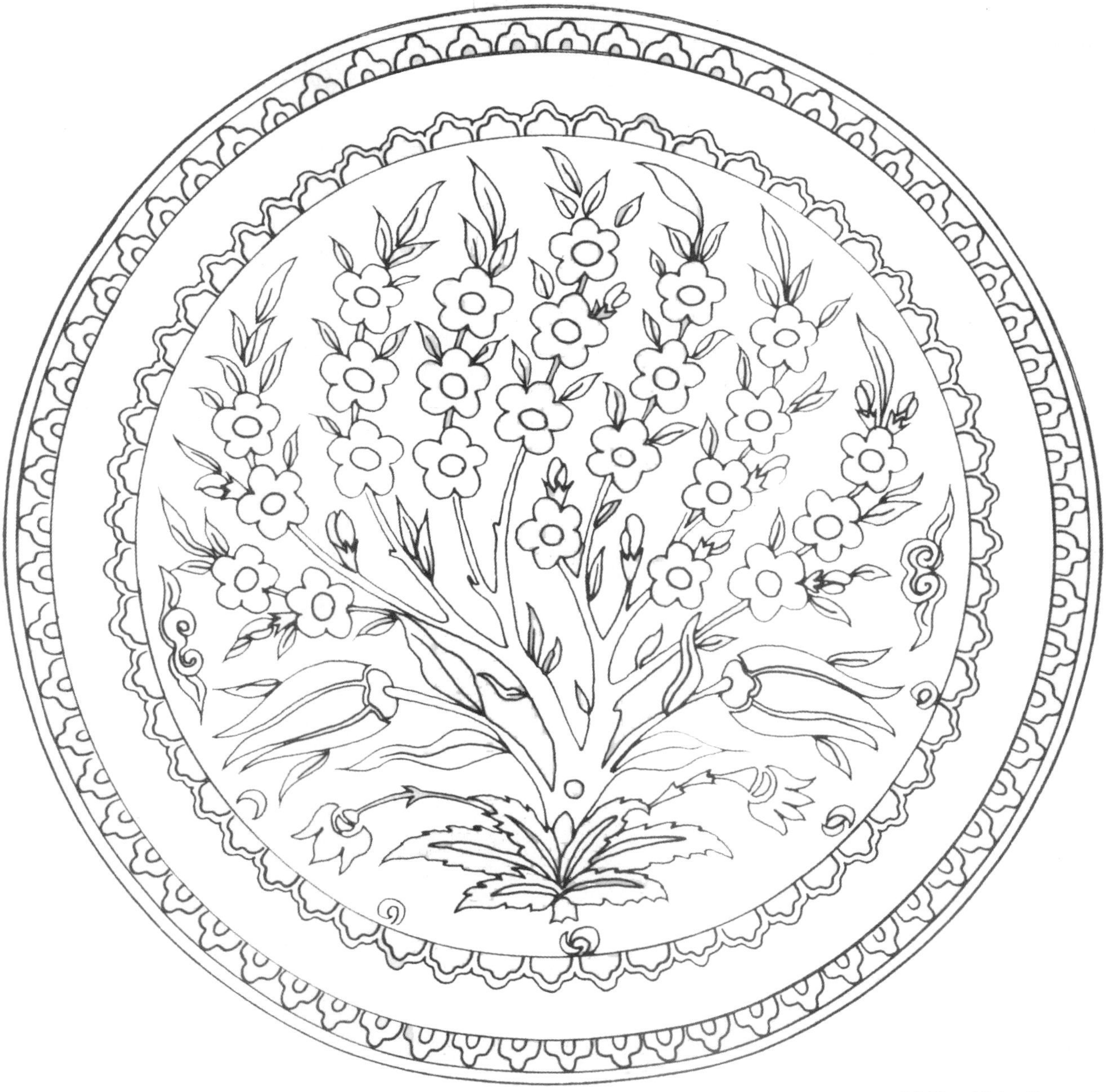

Bezeichnung der umseitigen Abbildung:

Tellermotiv; Iznik, Türkei, 16. Jh.

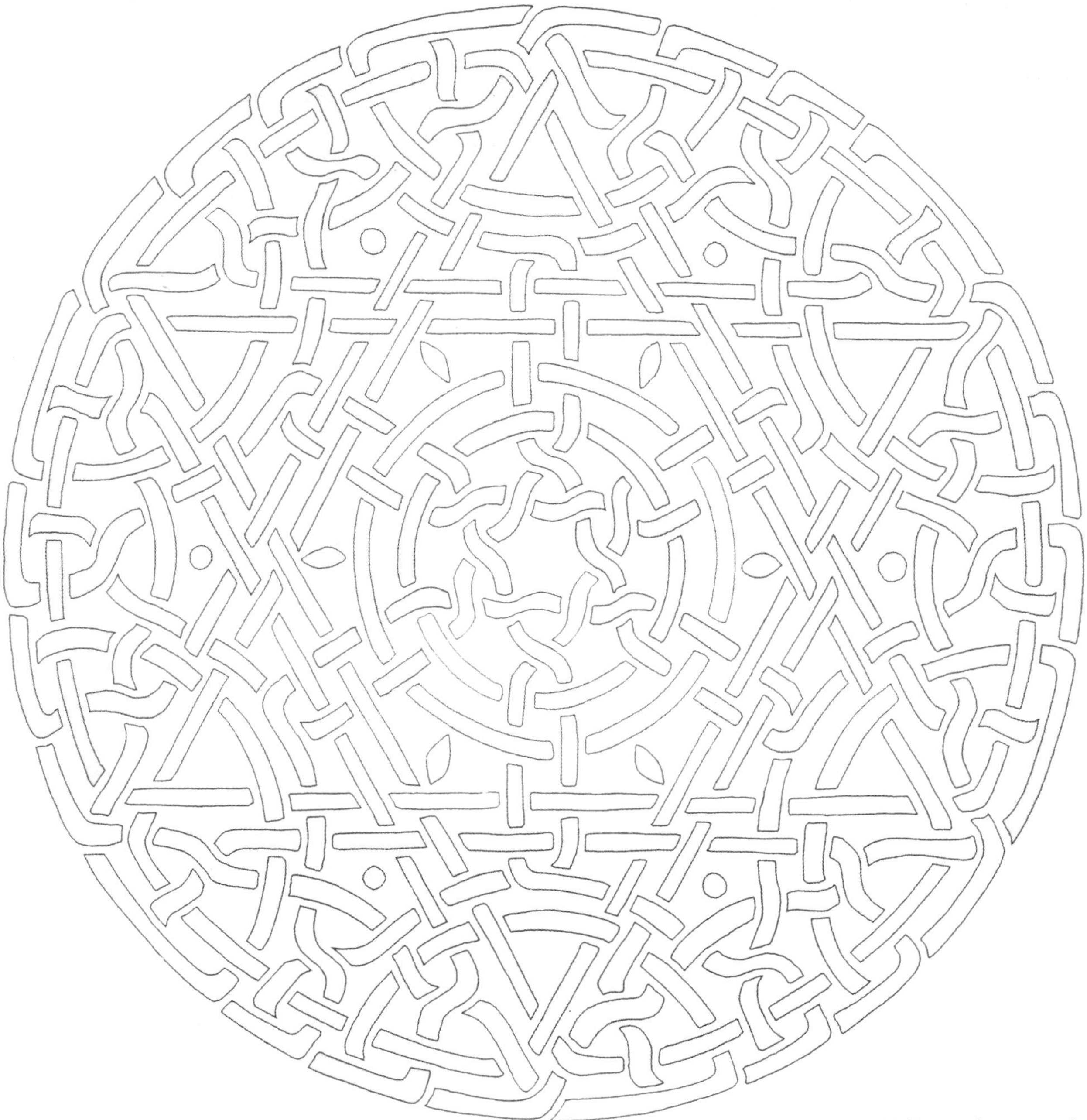

Bezeichnung der umseitigen Abbildung:

geometrisches Knotenmotiv, auf dem Sechsstern basierend

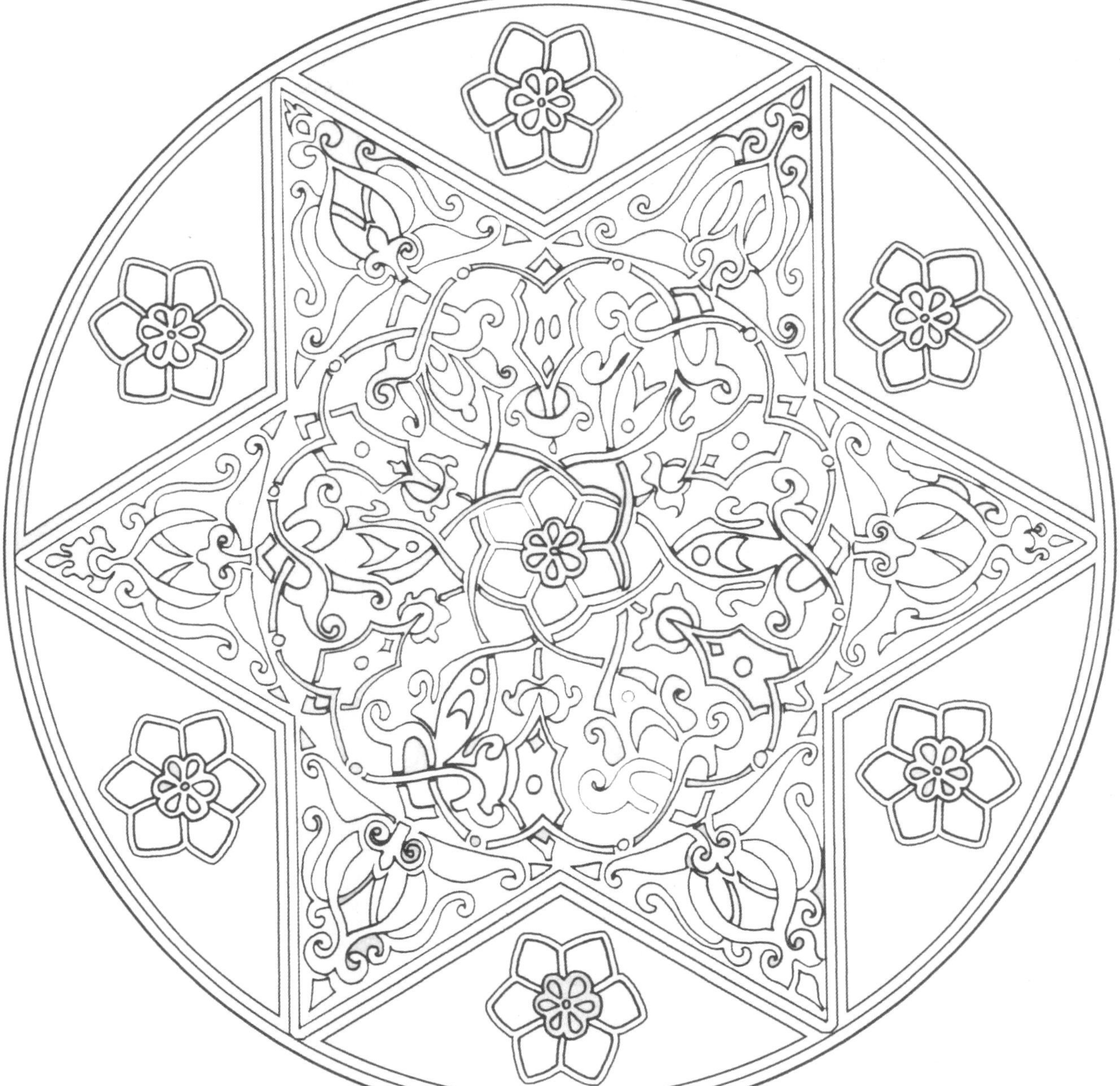

Bezeichnung der umseitigen Abbildung:

Detail einer Koran-Illustration; Iran, 1313

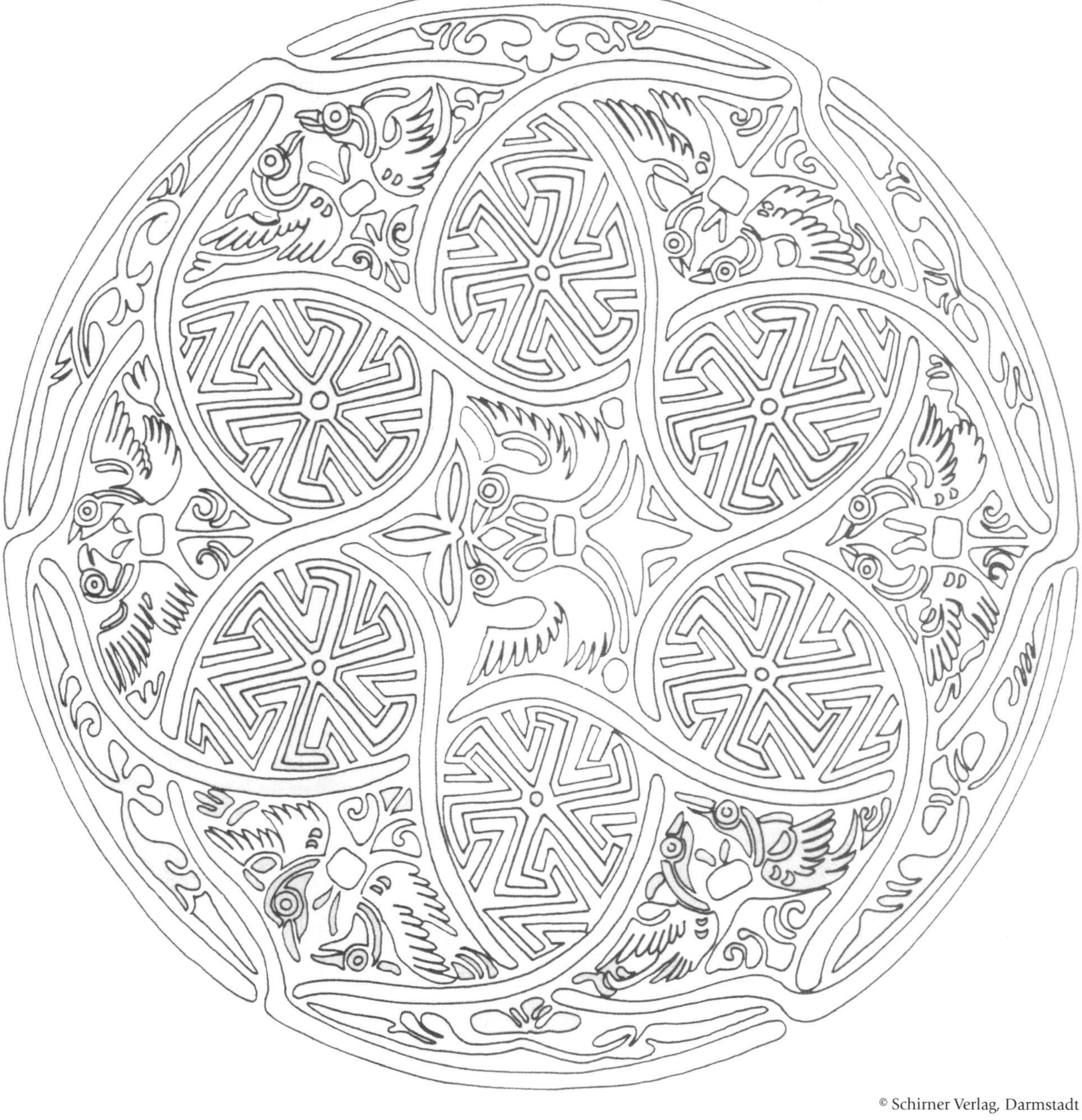

Bezeichnung der umseitigen Abbildung:

Motiv mit Vögeln und geometrischen Wirbeln; Ägypten, 14. Jh.

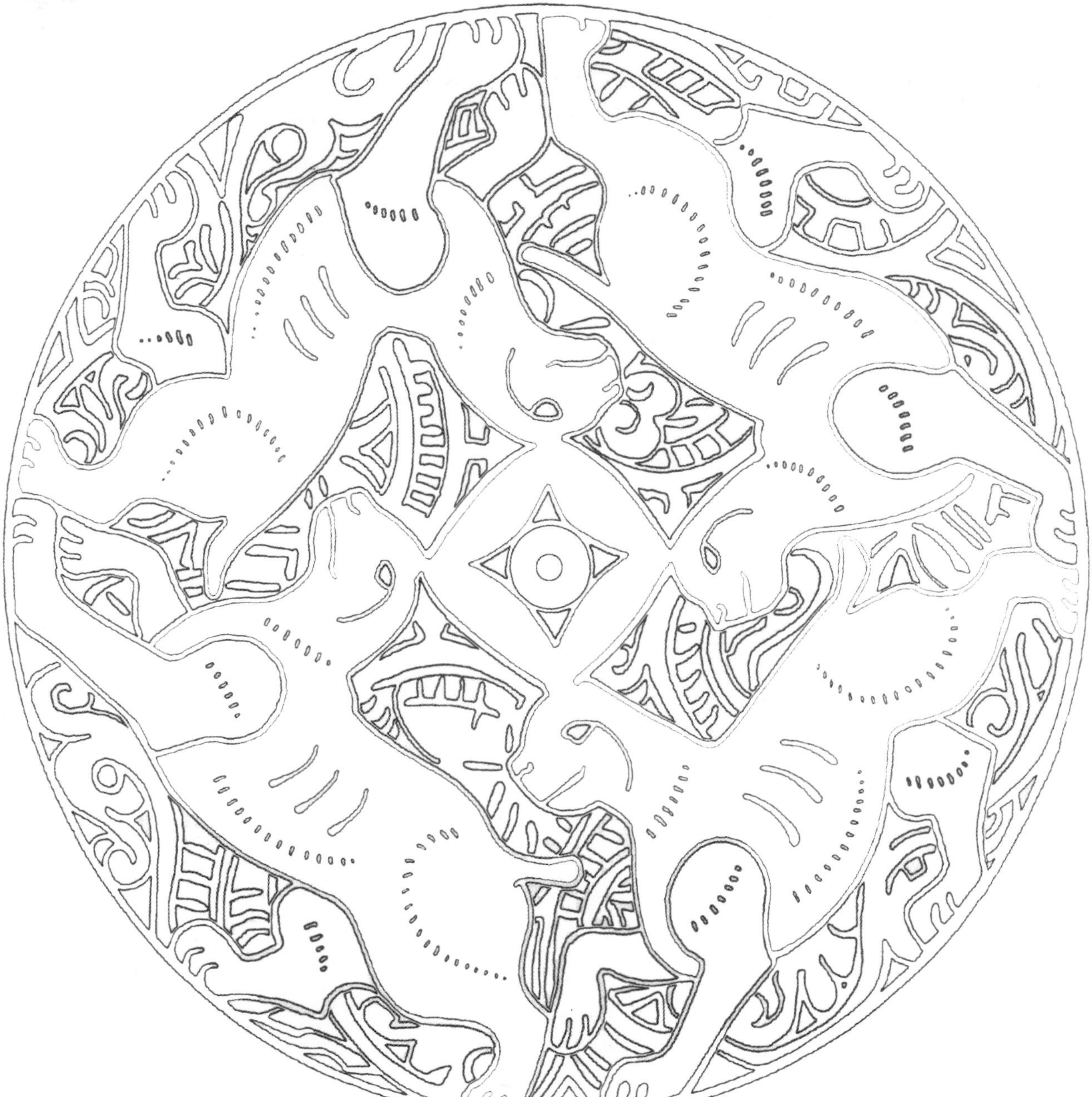

Bezeichnung der umseitigen Abbildung:

rotierendes Tiermotiv; Ägypten, 10.–13. Jh.

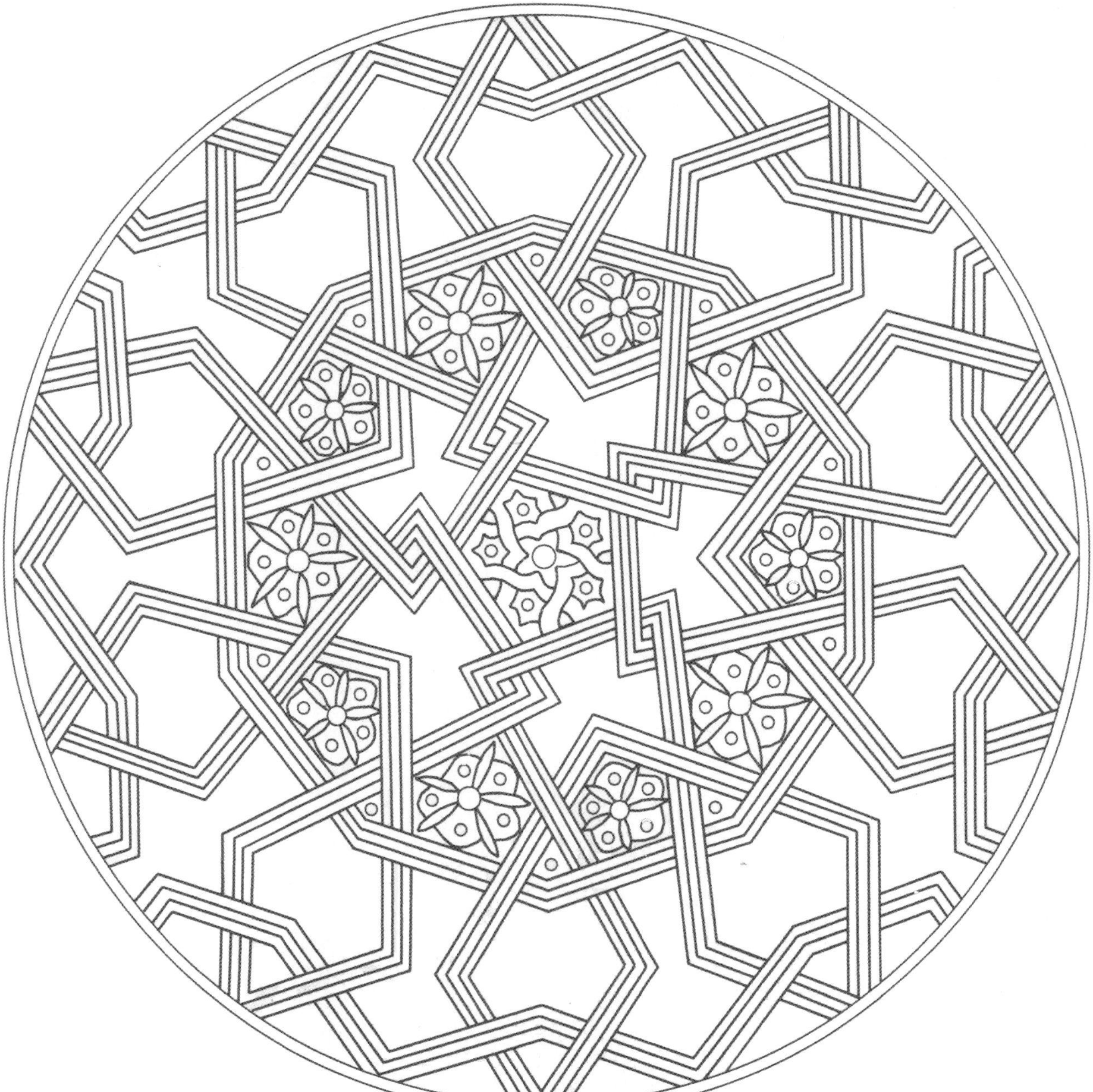

Bezeichnung der umseitigen Abbildung:

Koran-Illustration; Ägypten, 14. Jh.

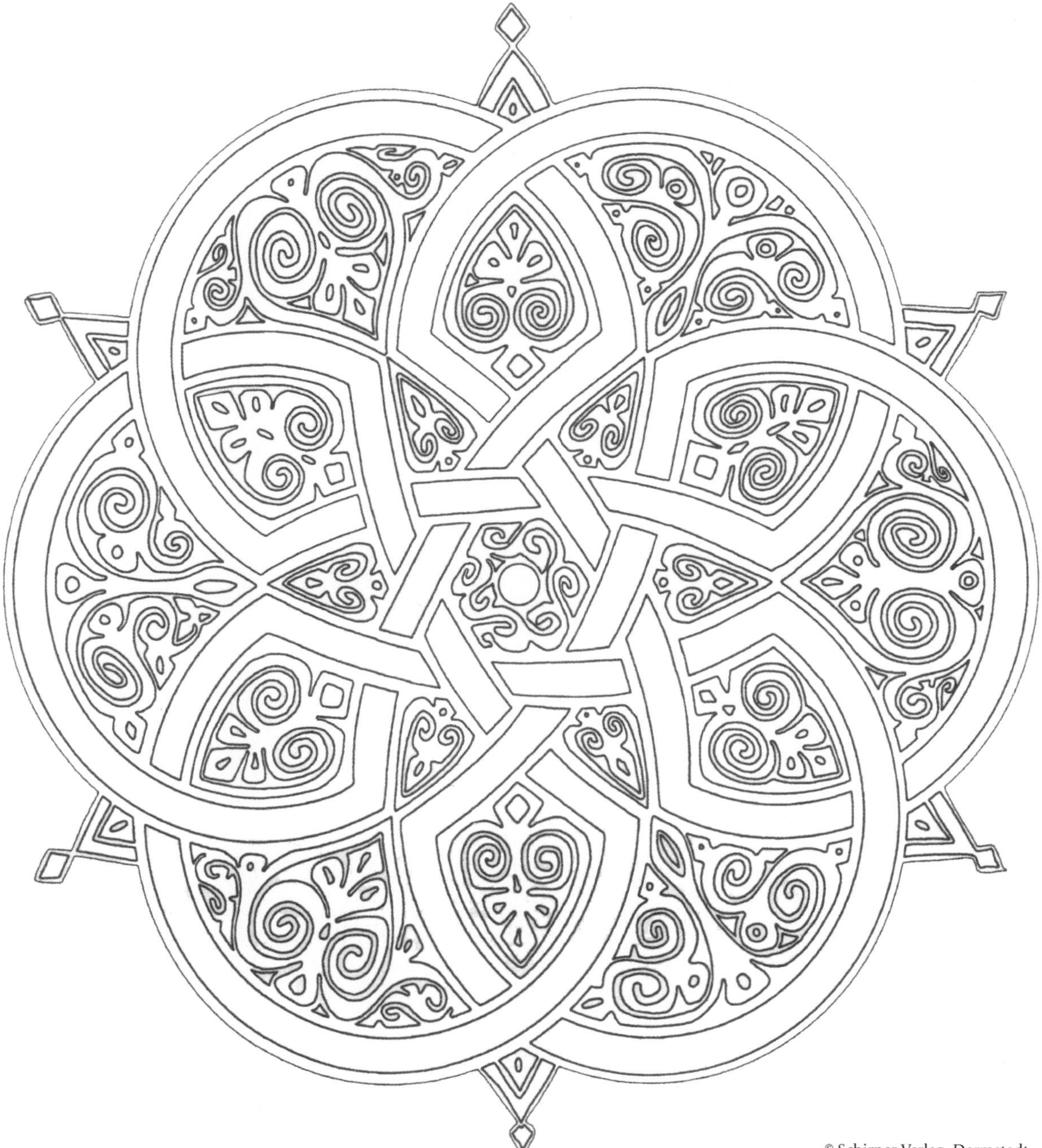

Bezeichnung der umseitigen Abbildung:

gravierte Metallplatte; Iran, 10./11. Jh.

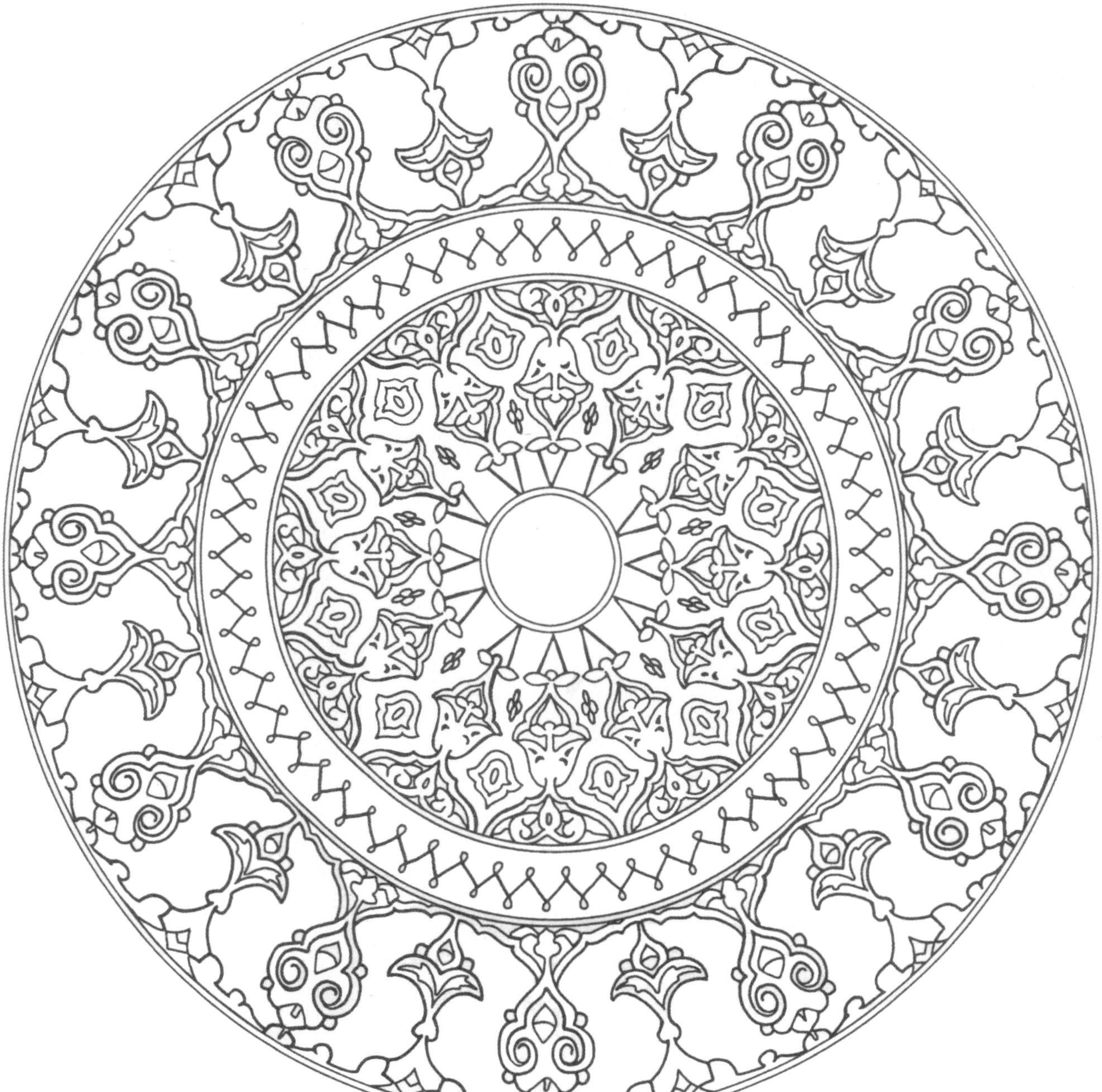

Bezeichnung der umseitigen Abbildung:

Beispiel vielfach verwendeter ornamentaler Muster